Dello stesso autore:

Pensieri Biologici
2003 Edizioni Nuove Scritture
Verità Relativa
2005 Sofia Editore
Il cacciatore di pietre
2010 Edizioni Odissea
Scritti alla fine del mondo
2012 Sofia Editore
Manuale di sopravvivenza all' imminente implosione del sistema
2014 Sofia Editore

G J T

Anno 2014

"*Quando saremo in grado di percepire la terra, il cielo e il mare con la mente sgombra da ogni nozione scientifica, informazione mediatica e credo religioso, solo allora potremo ritrovare la nostra originaria innocenza - e solo così la verità saprà aprirsi nuda ai nostri occhi come alba sul mare*".

ad Antonio detto "Asso"

D'un tratto appariva come se fosse sempre stato lì, con il suo cappello, gli stivali e quel profumo di legno di sandalo che addolciva i tratti di quella fisicità prestante. Una volta, adesso che ricordo, notai per alcuni istanti due ali d'angelo che spuntavano da dietro le sue spalle. Per quale motivo non lo so, ma allora non diedi grande peso alla cosa ... chissà perché!

GIANNI TIRELLI

CONTAMINAZIONE

Sofia Editore

"Ho sentito le sirene d'allarme
che annunciavano l'ultimo coprifuoco
prima della fine
e le Silfidi che sbraitavano
eccitate come cagne in calore.
L'inchiostro sulla scrivania era finito
e tutte le mie parole
si disperdevano schizofreniche
dentro un turbinio elettrico
come un lamento di ferraglia
accartocciata.
Di colpo il buio, di colpo il silenzio
poi il sibilo tagliente della grande crepa
tranciò di netto il pianeta terra"

Sophia Plant Page

Sono in tanti nel mondo occidentale a credere che la degenerazione della politica, la deriva etica e morale, la crescente criminalità e la catastrofe ambientale, sia da addebitarsi esclusivamente alle insane ragioni che regolano gli interessi e i privilegi dei vertici del Sistema Potere!

Sarebbe troppo e ingiusto accreditare al Sistema un merito che in realtà non ha, e del quale potersi pavoneggiare come il frutto di un suo piano perfetto, architettato ad arte e dai risultati sconcertanti.

Possiamo noi affermare la nostra innocenza, giurando sui nostri figli la totale estraneità ai fatti che ne hanno determinato il processo?

Le dittature non avrebbero mai visto la luce senza la complicità, l'assenso e la cortigianeria di una moltitudine di fanatici adoranti e scodinzolanti spinti dalla perversa ambizione di condividere con il tiranno di turno le proprie miserie morali, così da giustificarle – ma non solo; banalizzarle a tal punto, da renderle comportamento quotidiano e abituale. Può questa gente, sottrarsi alle proprie responsabilità? Non sono forse loro, in prima persona, i veri fautori di tali regimi autoritari? Non è dunque attraverso il consenso dei cittadini e in virtù del loro pressapochismo culturale e morale che, oggi, il liberismo selvaggio e demente, ha consolidato il suo progetto di omologazione delle coscienze, di schiavitù e di dipendenza, in tutto il mondo occidentale? Non siamo forse tutti quanti noi, carnefici della nostra esistenza e vittime sacrificali immolate sull'altare della stupidità umana?Quanti di noi, in realtà, sono in grado di rinunciare alle invitanti, subdole e seducenti lusinghe del Sistema Potere, per tradurre in fatti concreti, le proprie supposte e ipotetiche convinzioni?

Le responsabilità dei media, in questa operazione di contaminazione della realtà, sono immense e note a tutti; una potenza di fuoco diseducatrice senza precedenti ma non sufficiente a giustificare la sudditanza, l'incoscienza e lo stato di dipendenza di centinaia e centinaia di milioni di individui nel mondo.

Affermare per tanto che la causa della nostra attuale miserevole condizione umana (unica nella storia del mondo, per elementi di degenerazione) sia da imputare ad un complotto organizzato a tavolino da un team di marziani da super poteri, è un'ipotesi avveniristica che va oltre ogni dimensione spazio temporale.Quei marziani siamo noi; noi, sempre pronti a individuare un capro espiatorio sul quale riversare le nostre responsabilità oggettive. Noi tutti (nessuno escluso) siamo i fautori, i sostenitori, gli impostori e in fine, gli inattendibili detrattori di una tale catastrofe umana, di valori e ambientale.Certo, chi lo può negare, il Sistema Potere è una grande Merda in decomposizione, ma noi stessi siamo quel Sistema, noi stessi siamo quella merda; noi che non intendiamo rinunciare alla più piccola parte del nostro conclamato egoismo per liberarci una volta per tutte da quella serie infinita di dipendenze e debolezze che ci incatenano ad una libertà dalle ali spezzate.

Del resto, io sono più che convinto che i super poteri mondiali (oggi di grande attualità) che da tempo, si afferma, abbiano programmato le sorti e il destino dell'umanità, non si faranno di certo intimidire da quattro chiacchiere indignate postate in Rete.

L'implosione del Sistema Bestia, avverrà diversamente per una serie di difetti insiti nel Sistema stesso e dall'isolamento forzato e costretto, che centinaia di milioni di individui nel mondo innescheranno rinunciando in massa (per ragioni pratiche e di sopravvivenza) ad ogni forma di consumo che non sia essenziale o vitale.

Ho scritto parecchi articoli sul tema, anticipando in tempi non sospetti e in forma profetica, l'attuale stato di cose. Ho trattato argomenti esistenziali, religiosi, politici, sociali e ambientali che avevano tutti come denominatore comune una relazione stretta, complice e compiacente con quella che oggi è la degenerazione dell'individuo tecnologico relativista.

Fino al momento in cui, non saremo in grado di percepire sulla nostra pelle e comprendere fino in fondo la realtà che ci circonda, al punto tale da fare tendere ogni parte del nostro essere, e scuotere la nostra anima dormiente, resteremo come androidi inebetiti a fissare lo schermo, in attesa di un commento benevolo o di un'inaspettata condivisone.

Ecco perché non va! Non va perché (e mi ripeto fino alla noia), abbiamo confuso la licenza con la libertà, la televisione con l'informazione, la profanazione con la scienza e la catastrofe ambientale con il progresso.

È giusto e sacrosanto che ognuno di noi esprima sempre e comunque le proprie ragioni, ma con la sana consapevolezza di chi sa, con certezza, che solo la terra, la natura e il mistero, possono dissolvere i fantasmi dell'uomo moderno, per ricondurlo agli autentici valori della vita e ricongiungerlo con il divino.

LE MANI TRADITE

Io sono figlio di quel mondo che voi avete assassinato, sono il discendente di quel popolo che avete brutalmente perseguitato, umiliato e distrutto; sono sopravvissuto e oggi sono qui, vivo sulla terra che una volta apparteneva alla mia gente, vivo in mezzo a voi, respiro l'aria che un tempo respiravano i miei fratelli. Oggi siamo rimasti in pochi, voi siete in tanti, vi definite americani, anche più americani di me, noi per voi eravamo selvaggi... ma guardatevi ora, guardate come avete plasmato questo continente una volta ridente, in pace con se stesso, verde, rigoglioso e puro, adesso triste, sporco di denaro, di cemento e di acciaio. Ora ditemi chi è più selvaggio tra chi c'era prima e chi c'è oggi? Aloysios Dreaming Bear - discendente Lakota

Non c'è una sola cosa, una sola, di tutto questo seducente Luna Park tecnologico, che possa equivalere o essere equiparata, alla straordinaria potenzialità e forza creatrice trascendente, delle nostre mani. Quell'enorme, immenso e inestimabile patrimonio di bellezza e di cultura che, ancora oggi, dopo millenni di storia, noi abbiamo il privilegio di ammirare e di godere, è l'opera sublime delle mani dell'uomo, che concentravano in loro, la forza, la sapienza, la saggezza, creatività e passione, per plasmare e dare forma all'immagine del divino che è in noi. Mani che scolpiscono, che dipingono - mani che modellano, che forgiano e impastano – mani che impugnano, si difendono e combattono, mani che scavano, che arginano, che dissodano, che seminano, e che raccolgono - mani che mungono, che intarsiano e che ricamano; mani che annodano, che intrecciano - mani che bevono alla sorgente eterna, per dissetare la sete di bellezza e di armonia – Mani che pregano!

Camminavo a piedi nudi in quei giorni assolati di primavera... non ero che un bambino; attraversavo quell'infinito campo profumato di viole, saltando fossati di acqua immacolata, fino ai margini della fattoria. Un profumo di stalla, di latte e di fieno si mescolava come fragranza all'odore dell'erba appena tagliata - Dentro quell'atmosfera tersa da ogni contaminazione, tutto era bellezza, e pace, e armonia. Il mio piccolo cuore pompava goloso l'immensità del cielo e ogni emozione, bagliore e suono si facevano estasi e trascendenza.

E poi arrivarono le fabbriche e, niente, fu più come prima. Rumori di ferraglia, di magli e di catene, profanarono quel silenzio perfetto e tutti avevano qualcosa da dire…tutti avevano qualcosa da dire.. tutti avevano sempre qualcosa da dire.

Così, un chiacchierio assordante avvolse il mio piccolo paese per sempre.

Il Nulla avanzava divorando e fagocitando ogni cosa! Il mio infinito prato di viole scomparve sotto un grande centro commerciale, e così il fossato e la fattoria. I canti crepuscolari delle donne furono messi, a tacere per sempre, mentre la televisione, imperturbabile, dettava le sue condizioni.

Frigoriferi e lavatrici invasero le cucine e mobili di truciolato spodestarono i tavoli e le madie di castagno.

E con la TV arrivò la spazzatura e poi le scorie tossiche, i rifiuti speciali e la discarica, e mentre tutti avevano sempre qualcosa da dire, la bruttezza sferrava il suo colpo finale pianificando e approvando l'idea di un grande inceneritore. Così il mio piccolo paese era sparito, devastato e stuprato dalla stupidità umana, derubato di ogni sua bellezza e magia, trasformato in un lugubre cimitero di zombi parlanti, incapaci di amare, di pregare e di gioire.

E presto le mani degli uomini, furono incatenate alle ragioni del profitto e del potere, asservite alle logiche di una catena di montaggio; mani, umiliate dalla loro funzione primigenia, e degradate ad ammennicolo, costrette a produrre orrore, rifiuti e distruzione: loro, le mani, espressione della nostra volontà, estensione dei nostri desideri, corpo e sostanza dei nostri bisogni, e dei nostri sogni.

Oggi, uno spettacolo agghiacciante di scempio e di bruttezza, scandisce la nostra quotidianità, e un'inconscia e persistente paura, tradisce ogni sentimento di felicità e di amore.

Non troveremo pace in un mondo affollato di mostruosità e di vergogna, né la gioia e l'amore, potranno mai davvero abitare il nostro cuore.

Scriveva Pasolini: "Il problema è avere occhi e non saper vedere, non guardare le cose che accadono, nemmeno l'ordito minimo della realtà. Occhi chiusi. Occhi che non vedono più. Che non sono più curiosi. Che non si aspettano che accada più niente. Forse perché non credono che la bellezza esista. Ma sul deserto delle nostre strade Lei passa, rompendo il finito limite e riempiendo i nostri occhi di infinito desiderio" – da Scritti Corsari

DALLA PERDITA DELLA SOVRANITÀ ALIMENTARE ALLA SCHIAVITÙ

Quattrocento anni fa, gli esseri umani, prima dell'avvento del capitalismo, si nutrivano con più di 500 specie diverse di piante. Cento anni fa, con l'egemonia della rivoluzione industriale, si sono ridotte a 100 le specie diverse di cibo, che dopo l'aratura passavano ai processi industriali. Da trent'anni, dopo l'egemonia del capitale finanziario, la base di tutta l'alimentazione dell'umanità è rappresentata per l'80% da soia, mais, riso, fagioli, orzo e manioca. Il mondo è diventato un grande supermercato, unico. Le persone, indipendentemente da dove vivono, si nutrono della stessa dieta di base, fornita dalle stesse imprese, come se fossimo i maiali di una grande porcilaia che aspettano, passivi e dominati, la distribuzione della stessa razione giornaliera.

C'è stata una enorme concentrazione della proprietà della terra, dei beni della natura e del cibo. Qual è la soluzione?

In primo luogo abbiamo bisogno di rinegoziare in tutto il pianeta il principio che il cibo non può essere una merce. Il cibo è l'energia della natura (sole più terra, più acqua, più vento) che muove gli esseri umani, prodotti in armonia e collaborazione con gli altri esseri viventi che formano l'immensa biodiversità. Tutti dipendiamo da tutti, in questa sinergia collettiva di sopravvivenza e di riproduzione. Il cibo è un diritto di sopravvivenza. E quindi, ogni individuo della terra dovrebbe avere accesso a questa energia per riprodursi, in maniera egualitaria e senza alcun vincolo.

Noi sosteniamo il concetto di sovranità alimentare, che è il bisogno e il diritto che in ogni territorio, ci sia un villaggio, una tribù, un insediamento, una città, uno stato e anche un paese, ogni popolo abbia il diritto e il dovere di produrre il proprio cibo.

João Pedro Stédile

Oggi, lo stato di indigenza, di povertà e di dipendenza dai bisogni primari, è tale, da indurre i soggetti più deboli della società al suicidio, e altri, i più resistenti, che a breve saranno costretti ad abbandonare i centri urbani per riparare nelle campagne e prodursi autonomamente il cibo necessario per sopravvivere.parallelamente, l'Unione Europea emana leggi che vietano la coltivazione privata di orti e ortaggi e l'allevamento di animali da cortile. La tecnocrazia vuole affamare il popolo, dopo averlo ridotto in schiavitù.

Inoltre, la contaminazione ambientale prodotta dal capital/liberismo in questi decenni, ha fatto tabula rasa di ogni forma di vita. Così non c'è più niente da pescare, da cacciare, un orto da coltivare e, più in breve, la possibilità procurarsi quel cibo necessario al fine di soddisfare i bisogni primari della gente. Ci è stato impedito di seminare, costringendoci ad acquistare al Mercato del Grande Malfattore sementi geneticamente modificate, ortaggi e animali da cortile, clonati e pompati, e quella lunga lista di sostanze chimiche cancerogene che devastano i corpi dei nostri figli, dispensando dolore, paura e morte fra la cittadinanza. L'obiettivo di tutto questo è di controllare la catena alimentare globale per renderci schiavi e dipendenti dalla loro insanguinata mercanzia non che, sterco del diavolo.

Questo non ha niente a che vedere con l'idea di alimentare il mondo. Il vero scopo è di aumentare gli introiti delle grandi corporation dell'industria chimica e cancellare ogni nostra risorsa, capacità, e residua volontà; renderci inoffensivi, insomma, per poi schiacciarci come un pugno di mosche, ronzanti e fastidiose. Noi, le inconsapevoli cavie di laboratorio di un progetto di sperimentazione di stampo nazista di dimensioni planetarie, che terminerà con "la soluzione finale". Uno sterminio, questo, scientificamente programmato, che rientra in un progetto di sfruttamento integrale di ogni risorsa energetica e degli individui, asserviti e resi schiavi in ragione della loro (presunta) inferiorità, incapacità e inutilità; esseri non uomini, né animali, che non appartengono ad alcuna razza, specie e forma di vita, ma meri ingranaggi di un Sistema necrofilo, e clienti classificabili esclusivamente sulla base del loro potere d'acquisto.

Io, da questo preciso momento impugno contro lo Stato il mio diritto di nascita - naturale, inderogabile e inalienabile - in virtù del quale a ogni uomo spetta un pezzo di terra da coltivare, l'accesso all'acqua e un riparo. Inoltre chiedo e pretendo il risarcimento di tutti danni procurati all'ambiente (non che la sua immediata bonifica), causa i quali si è determinato un livello di contaminazione tale, da avere resa impossibile qualsiasi condizione di autonomia e di autosufficienza, che fin dall'alba dei tempi era alla base di ogni società che si definisca "civile", giusta e libera.

Così, ci è stata sottratta ogni sovranità e calpestato il più naturale fra tutti i diritti dell'uomo: il diritto alla felicità.

Ma io non ci sto! Noi non ci stiamo! Si è resa così necessaria, e prioritaria a tutto il resto, una dichiarazione di guerra contro tutti quegli stati che non intendono rispettare i diritti naturali, intangibili e irrinunciabili dell'individuo, dal giorno del suo concepimento su questa terra.

E quando presto la disoccupazione raggiungerà livelli inimmaginabili, e la qualità della vita a caduta libera costringerà centinaia di milioni di individui del mondo occidentale all'accattonaggio e a ogni sorta di aberrazione, allora, e solo allora, comprenderemo il valore incommensurabile della Madre Terra e del suo infinito potere; la Terra, il solo padrone al quale avremmo dovuto sottometterci, sottostare e ubbidire, rispettandone le sue regole ancestrali, senza diventarne schiavi e servi, ma attraverso Lei, ritrovare l'autentico e primigenio significato di libertà. E quando tutto sarà palese, e noi, volenti o nolenti, ignoranti e intelligenti, dovremo per forza e necessità prendere atto di quali erano le reali finalità del Sistema Bestia e del suo piano diabolico di omologazione, a quel punto, saremo già tutti schiavi.

A ogni essere umano, ripeto, spetta un pezzo di terra, l'accesso all'acqua, una dimora, e la possibilità inderogabile di potere soddisfare i suoi bisogni primari con la sola forza delle sue braccia, e attraverso quella passione vivifica e salvifica, che nasce da quel rapporto simbiotico di mutuo scambio che da sempre si era stabilito fra uomo e natura. Ma oggi questo diritto è stato calpestato e reso ridicolo.

Da qui, nasce la necessità di assegnare i beni della natura (terra, acqua, energia) dividendoli fra tutti gli individui della terra.

Fino al momento in cui non saranno ripristinati tali diritti e le condizioni necessarie atte all'epocale e radicale cambiamento di riconversione, i governi delle nazioni tutte si dovranno nel frattempo accollare l'onere e l'obbligo di provvedere alla sussistenza dei cittadini (reddito di cittadinanza), in virtù di una somma congrua mensile per ciascuno di loro. In seconda battuta, va messo in campo un piano di esproprio a danno dei grandi proprietari terrieri, grandi detentori di patrimoni, latifondisti, multinazionali dell'agroalimentare e dell'industria chimica, per dare inizio ad un'equa distribuzione del suolo, sull'onda di una nuova e luminosa rinascita.

Le società si potranno definire democratiche e civili, solo a patto di garantire ai cittadini il diritto alla sopravvivenza e all'autonomia, avendo accesso al cibo-energia necessario.

"Ciò che fa il contadino quando il fiume travolge gli argini e invade i campi: bisogna salvare il seme. Quando il fiume sarà rientrato nel suo alveo, la terra riemergerà e il sole l'asciugherà. Se il contadino avrà salvato il seme, potrà gettarlo sulla terra resa ancor più fertile dal limo del fiume, e il seme fruttificherà, e le spighe turgide e dorate daranno agli uomini pane, vita e speranza. Bisogna salvare il seme" - Giovannino Guareschi

La semplicità è ben diversa dalla banalità.

La semplicità è complessità risolta, espressione di genialità da tutti condivisibile, ma pressoché impossibile da imitare - Giovanni Allevi

In quel tempo lontano, noi ragazzi avevamo poco da dire. Si cantava a squarciagola, la sera, passeggiando lungo la strada che costeggiava il lago. Poi radunati intorno ad un fuoco, davamo fondo ad un bottiglione di vino rosso che dava smalto alla nostra gioia di vivere e spensieratezza. Qualcuno aveva portato alcuni pezzi di coniglio arrosto della cena (ne ricordo ancora il sapore sublime), altri del pane, del formaggio e salumi vari. Tutto era talmente in armonia con il cosmo, che nessun debole pensiero avrebbe mai potuto contaminare quell'infanzia straordinaria e oggi irrepetibile per chiunque. Si cantava e si rideva, si sorrideva, si ammiccava senza proferire una sola parola. Si intuiva, si alludeva... Matilde si alzava ed io mi imboscavo con lei qualche metro più la dal fuoco fra l'erba alta, mentre un raggio di luna penetrava leggero le nubi nere della notte, come dentro un sogno senza tempo. I risolini ironici degli amici si confondevano con i gemiti dell'amplesso, e ben presto, tutti, dopo un breve e timido silenzio, scomparivano nell'ombra a consumare i loro desideri; grilli, cicale e ranocchie intonavano la colonna sonora di quello spazio arcaico, mentre le lucciole si illuminavano intermittenti come diamanti nella notte.

E non è romanticismo o mera nostalgia del tempo che fu, ma il quadro reale di un recente passato che la violenza liberista consumista ha messo a tacere per sempre.

Era un mondo semplice, diretto, dove i fatti si anteponevano alle parole, dove l'amore primeggiava indomito sopra ogni cosa.

Oggi, un chiacchiericcio assordante e insensato avvolge l'umanità: televisioni che parlano, cellulari che squillano, giornali che trattano, riviste, gossip, messaggi, e-mail, mezzi di comunicazione dai poteri sovrannaturali..., e dentro tutto questo solo una profonda solitudine, infelicità e paura.

Ci hanno complicato a tal punto la vita da averci intrappolato come mosche nella ragnatela, rendendoci inoffensivi e incapaci di reagire.

L'opera di contaminazione messa in atto in questo secolo dall'Industrialesimo consumista pagano, ha avuto in questi ultimi decenni un'accelerazione spaventosa tale da averne segnato un punto di non ritorno. Una contaminazione non solo ambientale e alimentare ma che come polvere d'amianto si è insinuata fin dentro le coscienze alterandone la consapevolezza e la capacità di discernere il giusto dall'iniquo, la libertà dalla licenza, la verità dalla menzogna, la furbizia dall'intelligenza e la catastrofe ambientale dal progresso.

In verità, l'evoluzione è quel processo in grado di rendere semplice ciò che prima era complicato, in totale contro tendenza con le irragionevoli tesi del Sistema Bestia che hanno complicato la nostra esistenza a tal punto da avere ridotto l'individuo a schiavo consenziente dei suoi meccanismi e strategie di manipolazione e omologazione di massa. Un individuo al quale sono state sottratte le libertà più elementari e naturali; un soggetto perennemente malato, infelice, afflitto da infiniti disturbi fisici, psichici, da patologie tumorali le più svariate, e ridotto alla stregua di larva da un'infinita lista di comodità invalidanti che la Bestia Liberista ha spacciato come sinonimo di progresso, di civiltà e di benessere. Un uomo non uomo, incapace di affermare un qualsiasi giudizio critico consapevole, di rendersi autonomo, privo di slanci rivoluzionari e di autentici sentimenti di solidarietà, di giustizia e di amore. L'esatto opposto dell'uomo primitivo, libero e autosufficiente, in grado di adattarsi, di procurarsi il cibo, pragmatico e semplificatore, logico e intuitivo; il vero evoluto per eccellenza, maestro di vita, scevro dalla complicazione di ragionamenti improduttivi e retorici, che alla parola e al pensiero anteponeva l'azione, il bisogno, il gioco, la festa e la gioia della sua immaginazione trascendente.

L'individuo moderno non è dunque il risultato dell'evoluzione, ma di una degenerazione della coscienza collettiva che lo ha portato a asservire il progetto demoniaco di un Sistema necrofilo che sulla "complicazione" ha consolidato il suo perverso potere. E che attraverso la meccanizzazione tecnologica ha reso complicato ciò che di base era semplice.

Ergo, semplificare la complessità è segno di intelligenza evolutiva e di spirito di autoconservazione.

Il mondo, del resto, è per definizione il prodotto di un'idea semplice e per questo divinamente geniale. Semplicissimo in ogni sua manifestazione e per questo, incontaminato e puro, dove l'espressione della bellezza, in ogni sua forma, incantava gli animi e stupiva i cuori dell'uomo evoluto del passato. Un mondo dove tutto era ridotto alla semplice osservazione e al rispetto di quelle meccaniche, logiche e imperturbabili, intrinseche alla vita stessa, che fin dall'alba dei tempi regolavano e monitoravano i comportamenti umani evitandone così le degenerazioni sulla base di un impianto etico connaturato e di quel "timore" che sconsigliava ogni profanazione e violazione.

Un'umanità, dunque, volta alla contemplazione, alla soddisfazione e appagamento sostanziale dei bisogni primari, che miravano alla sopravvivenza, alla conservazione della specie (sessualità) e alla spiritualità.

L'Industrialesimo pagano attraverso le sue centrifughe mediatiche ha reso complesso ogni pensiero, ogni gesto, ogni bisogno, desiderio e speranza, dando il via ad un'opera di contaminazione che non ha risparmiato le menti più brillanti e gli spiriti più liberi; una brutale contaminazione ambientale e alimentare, dove gli interessi particolari e gli appetiti sessuali hanno soppiantato i principi etici e le scale di valori, per dare fondo al vizio e alla perversione, tradottisi nel tempo a dipendenze strutturali irrinunciabili.

La "complicazione" è un'iperproduzione di ragionamenti e pensieri; lo stesso meccanismo ipertrofico e iperplasico che innesca l'insorgere del cancro. L'evoluzione, per essere tale, deve sapere ridurre tutto all'essenziale.

La rivoluzione industriale che in seguito ha partorito liberismo consumista, aveva la pretesa di semplificare il mondo, promettendo più tempo libero, meno fatica e felicità per tutti. Oggi ha mostrato la sua vera indole necrofila, facendo della "complicazione" l'arma micidiale attraverso la quale controllare l'individuo e assoggettarlo al suo volere.

Le infinite leggi promulgate dai governi degli stati, obblighi e divieti di ogni genere, burocrazia imperante, tasse, bollette, scolarizzazione improduttiva e senza sbocchi, sono alcuni esempi di "complicazione". Per non parlare poi della vita di tutti i giorni; una quotidianità improntata alla soluzione di infiniti problemi volutamente introdotti nella società dal Sistema Potere, come trabocchetti e trappole per polli al fine di estorcere denaro fresco alla comunità. Un'esistenza frenetica scandita da un caos generale, pregna di un disagio esistenziale cronico e da un assordante chiacchiericcio che ha trasfigurato la vita degli individui in un vero inferno. "Complessità" è la psicoanalisi, l'introspezione, le analisi cliniche, la prevenzione, terapie, diete, ricerca scientifica, tecnologie, tendenze, novità, scoperte, mezzi di comunicazione, ecc., ma la peggiore di tutte le complessità si riscontra in quell'inettitudine fisica e morale che caratterizza l'uomo di quest'epoca bastarda.

E non sono stati i contadini analfabeti, muratori e artigiani a fare scempio di questo mondo, ma acculturati, letterati, filosofi e scienziati, venduti al Sistema Bestia per soddisfare la loro sete di vanità.

Dobbiamo pertanto inculcare ai nostri figli e nipoti l'amore per la natura, la passione, la gioia del lavoro dei campi. Dobbiamo insegnare loro la semina oltre il deserto rovente della stupidità umana, perché quel santo giorno raccolgano i miracolosi frutti del proprio sudore, risparmiandoli così dalla paura, dalla disperazione e dalla schiavitù di questa modernità canaglia.

"Il cammino che ci conduce alla comprensione della verità, è sgombro da personalismi, pregiudizi, preconcetti e da ogni attenuante addotta a giustificazione delle nostre debolezze, convinzioni e dipendenze. Diversamente, ogni nostra scelta e ragionamento, sarà incapace di produrre quell'appagamento trascendente sublimato dalla conoscenza, generatrice di espansione spirituale, deputata alla comprensione della Vita come dono supremo, e della morte, come necessaria, ineludibile e principio di felicità eterna"

L'universo infinito, procede, scorre, ed É , proprio in virtù di meccanismi perfetti e sincroni che non consentono né concedono errori, anomalie, squilibri, intrusioni e degenerazioni, previa la loro rimozione, soppressione ed eliminazione. Pertanto, l'interpretazione, il giudizio sui motivi e le cause della fine del pianeta, è duplice e prende in considerazione due punti di vista.

Il primo è di natura relativa, umana e terrena (visione egocentrica), condizionato dallo spirito di autoconservazione, livello di consapevolezza, stato di coscienza, fede religiosa, e definito dalla realtà del presente. Il secondo fa capo a un "Tutto Assoluto e imperturbabile" (visione di insieme) che si aggiorna e si ricompone in tempo reale, ristabilendone l'equilibrio originario e prescindendo da tutti quegli effetti (che noi definiremmo, catastrofici) prodotti sulla singola parte dall'attuazione del suo automatismo di ricostruzione compensativa; il prezzo dovuto all'Armonia Cosmica, perché il Disegno primigenio proceda e scorra inalterato e Sia come sempre è stato.

Una posizione filosofica basata sull'idea che le proprietà di un sistema non possano essere spiegate esclusivamente tramite le sue componenti. Un sistema "olistico", dove la sommatoria funzionale delle parti, è sempre prioritaria in assoluto, alla somma delle prestazioni delle parti prese singolarmente.

Un tipico esempio di struttura olistica è l'organismo biologico, perché un essere vivente, in quanto tale, va considerato sempre come un'unità-

28

totalità non esprimibile con l'insieme delle parti che lo costituisce. E questo vale per il concetto di universo.

Nota esplicativa

Per quanto l'olismo nasca in Occidente soltanto nel XII secolo con il Panteismo di Spinoza, esso fonda le filosofie orientali sin dal XIII secolo a.C. Le filosofie-teologie indiane sono infatti tutte olistiche, e l'olismo è uno degli elementi di base di tutta la speculazione orientale, quale si ritrova anche in Cina nel Taoismo, che si origina nel VI secolo a.C. / Quindi, la sua identificazione e definizione ha luogo in Occidente con grande ritardo, solamente dal XX secolo basandosi su una tradizione che è riferibile soltanto al Neoplatonismo (III-VI secolo) e in particolare in Plotino (III secolo). Tradizione assai debole quindi nel mondo giudaico-cristiano, se si esclude, appunto, Baruuch Spinoza e prima di lui Giordano Bruno.

Spinoza con un'originalissima interpretazione della Bibbia si oppone al dualismo cartesiano con il suo Panteismo (Dio è il Tutto). Più tardi, in qualche misura, anche J.W. Goethe che raccoglieva suggestioni mistico-olistiche del pensiero tardo-medievale può essere considerato un olista. Egli traduce infatti nella sua "teoria dei colori", dove la luce bianca (come sommatoria dei differenti colori dell'iride) non sarebbe considerabile come mera somma delle frequenze elettromagnetiche dei suoi componenti, un concetto olistico che il Romanticismo tende a rivitalizzare.

Krishnamurti sostiene che ognuna delle nostre coscienze individuali è una manifestazione dell'intera coscienza umana, con tutta la sua storia, le sue percezioni e interazioni con la natura. Quindi l'osservatore è la cosa osservata.

In un intervista dell'ottobre 1989, riguardo ai problemi sociali, David Bohm vede il mondo come un luogo pieno di problemi, lacerato da divisioni e conflitti tra gruppi e individui, tra l'uomo e la natura, e pensa che molti di questi problemi potrebbero essere risolti se ci focalizzassimo sulla totalità invece che dare un valore supremo alle parole. Lo scienziato crede che si potrebbe attuare un drammatico cambiamento della società se anche solo pochi individui fossero capaci di realizzare questo spostamento di ottica, perché secondo la sua teoria, la coscienza è già interconnessa con tutte le altre coscienze.

Dice David Bohm

-Pensiamo che il nostro approccio frammentario alla realtà non sia un problema perché molti di noi hanno l'assunzione metafisica inconscia che la natura sia fatta di parti separate. L'occhio è una parte, l'orecchio un'altra parte e queste parti interagiscono.

Io faccio l'ipotesi che la realtà non sia fatta così. Se hai qualche problema agli occhi l'ipotesi corrente è che il problema nasca in quella parte. Ma potrebbe non essere così. Potrebbe avere origine nell'intero corpo, nella mente, nella società. Per esempio il problema potrebbe essere lo stress o l'inquinamento. La società che abbiamo creato causerà un deterioramento in ogni genere di parte. Puoi riparare le parti contemporaneamente, ma è come spingere l'inquinamento a monte mentre cerchi di rimuoverne dei pezzi a valle. L'inquinamento stesso è un tipico approccio frammentario. Forse è l'esempio che colpisce di più. Ognuno fa le sue cose, guadagna la sua parte di denaro e produce il suo prodotto, e quindi aggiunge la sua parte di inquinamento. E poiché il mondo è finito, tutti questi piccoli pezzi si influenzano l'uno con l'altro, così il suolo e l'aria sono avvelenati, i pesci muoiono e il clima cambia.

L'idea di scavare miniere e di saccheggiare il sottosuolo per ricavarne dei "beni" e, come conseguenza, di generare dei prodotti secondari non desiderati (spazzatura!), deriva da un punto di vista atomistico: la gente e i gruppi si pensano come atomi separati. Un gruppo ha voluto produrre bombolette spray e non ha pensato ai risultati. Tutto quello di cui si preoccupavano era di fare delle bombolette e dei frigoriferi, questa era la loro piccola parte.

Ma si è scoperto che il gas che fuoriesce attacca l'ozono. Un altro gruppo brucia carbone per produrre energia: questa è la loro piccola parte. La gente dell'Amazzonia dice che brucia la foresta solo per ottenere un po' di terra da coltivare. I russi producevano energia nucleare per risolvere i loro problemi, ma Chernobyl è scoppiata e ne è risultato un danno per tutto il nord Europa. Nessuna di queste attività prende in considerazione il fatto che tutto è interconnesso dinamicamente. Le nazioni fanno finta di essere sovrane ma quando il clima cambierà, ci sarà la carestia dappertutto. La gente qualche volta parla del Tutto o tenta di creare delle organizzazioni come le Nazioni Unite, ma è solo un finto atto servile nei riguardi del Tutto: in realtà alle Nazioni Unite non è permesso di fare nulla di serio.

Quello che realmente ci importa sono le nostre divisioni. Queste divisioni avrebbero senso se effettivamente il mondo fosse fatto di parti e se le parti fossero indipendenti, ma non lo sono, e così il nostro modo di procedere è una forma di auto inganno.

Dall'intervista di Bohm ad oggi, sono trascorsi ben 24 anni, e non solo non è cambiato nulla nella coscienza degli individui, ma questo processo di disgregazione dissociativa individuale egocentrica, si è amplificato in forma parossistica. Al punto tale da rendere vano e impraticabile ogni altro ipotetico intervento di riconversione, finalizzato a ristabilire quell'equilibrio interattivo che definisce le logiche e le regole imperiture e imperturbabili del Disegno Trascendente.

Sarà dunque il punto di vista del "Tutto Assoluto e Imperturbabile", a decidere la sorte della Terra e dell'umanità?

IL COLLASSO DELL'IMPIANTO ETICO PORTA AL RELATIVISMO

"Che cosa racconteremo e come spiegheremo di questo mondo alle nuove generazioni, quando la terra non sarà più coltivabile, l'acqua imbevibile e l'aria irrespirabile? Diremo loro che è stato fatto nel nome del bene comune o mentiremo, affermando che è l'opera di Dio? O meglio ancora: "Cari giovani, questa è la scienza..., tecnologia avanzata di ultima generazione". Sicuramente l'ultima."

Il "RELATIVISMO" è uno stato di incoscienza di massa dove tutto è il contrario di tutto; dove verità e menzogna, bello e brutto, bene e male, odio e amore, intelligenza e furbizia, originale e contraffatto, si confondono e si sovrappongono, fino a divenire un tutt'uno inscindibile. Una sorta di girone infernale e di torre di Babele, dove la verità, la somma eresia, è evitata come un virus mortale. Il Liberismo è la culla del "Relativismo" è anticipa l'APOCALISSE. Quella che persistono stupidamente a definire una "crisi", non è di natura economica, finanziaria o sociale (che ne sono gli effetti) ma è determinata da una terribile deriva etica, morale e di valori, che da oltre mezzo secolo ha fatto tabula rasa di ogni cultura, passione, volontà, capacità autocritica, e senso di colpa! In questo modo si è sdoganata ogni nefandezza fino a renderla pratica comportamentale. Ed è così che il Sistema Bestia ha potuto commercializzare la sua sporca e insanguinata mercanzia, essendo decadute tutte quelle regole e presupposti che monitoravano, controllavano e impedivano le degenerazioni dei comportamenti umani. Attraverso un'opera di lavaggio mentale metodico e sistematico (un'ipnosi di massa) indotto dai media allo scopo di uniformare le coscienze degli individui alle ragioni e logiche del Sistema, si è stato in grado di contrabbandare tutto quel baraccone tecnologico, ludico e invalidante, spacciandolo per "progresso e benessere".

Oggi, tutto ciò che è scienza, ricerca, innovazione, conquiste e scoperte tecnologiche, altro non sono che tutto lo sterco prodotto da un atto di profanazione e di violazione di quelle leggi e regole imperiture, un tempo deputate all'integrità dell'impianto etico, al fine di preservare lo spirito dell'uomo da ogni intrusione di natura maligna. Una barriera che si credeva insormontabile, e che per tutta la storia del mondo aveva preservato l'umanità dai rischi della più sconvolgente di tutte le catastrofi. La peggiore in assoluto, oltre ogni più fervida immaginazione - uno sterminio strategicamente architettato dai vertici del Potere Luciferino, mille, e mille volte più spietato, più feroce, spaventevole e disumano dello stesso nazismo: il relativismo dei valori.

Il relativismo culturale che le nuove generazioni erediteranno, è la più grande sciagura nella storia dell'umanità.

Crederanno davvero che l'inquinamento delle nostre acque e del territorio sia il risultato del progresso? Che le bombe intelligenti, fatte esplodere sulla testa di persone innocenti, sia la giusta, sola e unica condizione per preservare e consolidare la libertà di tutti? Che il traffico di organi, l'uso di droghe sintetiche, gli abusi sistematici sui minori, la prostituzione dilagante, siano semplicemente i normali e logici effetti collaterali (male fisiologico) di quella medicina (la libertà), in assenza della quale le nostre società sarebbero in preda all'anarchia più totale; il prezzo da pagare per essere liberi? Che la propaganda populista e mediatica di prodotti e beni voluttuari, inefficaci e dannosi, rientri nelle logiche di una società libera, e che il lordume morale di cui trasudano i programmi televisivi sia la connotazione (nel bene o nel male) del diritto alla libertà di informazione? Crederanno loro davvero, che la chirurgia estetica, il divorzio e l'aborto siano sinonimo di conquiste di libertà o, non di meno, degli escamotages (oggi, platealmente definiti diritti) che risolvono si, il problema dal punto di vista tecnico, ma ben lontani dal produrre gli anticorpi necessari a contrastare la degenerazione e l'appiattimento della coscienza individuale?

Di questi tempi, menzogna e mistificazione dettano legge. La qualità è stata adulterata e contaminata e l'eccezione, omologata e massificata.Una insicurezza di fondo e una totale mancanza di autostima, sono l'inevitabile conseguenza della perdita dei necessari e oggettivi punti di riferimento che, un tempo, come spie luminose, regolavano e monitoravano i flussi delle nostre emozioni e ne impedivano ogni forma di ipertrofia.I principi etici, regolatori e sentinelle dei comportamenti umani, oggi sono stati rimossi, e vizio e paura li hanno sostituiti. Il male, un tempo riconoscibile e collocabile, ha assunto le sembianze della normalità, espropriando lo spirito dell'uomo, privandolo così della consapevolezza e del discernimento.

Con la rimozione dell'impianto etico, si scardina quel progetto originario che, da parametro assoluto, degrada in caos e relativismo.

Questo è il punto! Il nocciolo della questione.

Oggi, il relativismo etico e morale si impone come nuova norma sociale e regola relazionale, fino a minare le fondamenta della libertà individuale, di coscienza e di religione.

Quella che solitamente definiamo "la realtà" in verità oggi non esiste. Non è, che un prodotto della nostra mente, che attinge la conoscenza dal bacino dell'informazione mediatica, senza averne la capacità critica, la consapevolezza, e senza possedere quei parametri di riferimento comparativi, attraverso i quali discernere fra il vero e il falso, fra il bene e il male, fra il progresso e la catastrofe ambientale.

Sono i "poteri forti", i detentori della chiave della comunicazione di massa - manipolano i loro sottomessi, utilizzando alcune regole d'oro. Una di queste consiste nell'inventarsi a tavolino un problema, per causare una certa reazione da parte del pubblico, con lo scopo che sia questo il mandante delle misure che si desiderano far accettare. Oggi, la realtà stessa è linguaggio. Il linguaggio è dominato dai "poteri forti". Pertanto quel che dovrebbe fare un intellettuale è rifiutare tutto ciò che viene comunicato attraverso i canali ufficiali. Perso l'ancoraggio della verità, la nave della storia può andare a incagliarsi contro qualsiasi secca.

Il cambiamento, dunque, può avvenire solo a patto che la gente sia in grado di immaginare una realtà diversa e contraria a quella che solitamente e quotidianamente conduce; livellata e conformata a un modello sociale e culturale, dominanti.

Ergo, se non recuperiamo l'originale impianto etico di base, nessuna straordinaria riforma, legge o uomo della provvidenza, potrà mai produrre alcun cambiamento e rivoluzione. Siamo tutti noi che dobbiamo rivedere e riconvertire i nostri comportamenti, in altri più consoni agli autentici bisogni e necessità dell'uomo, recuperando così la nostra primigenia natura animale.

L'UOMO CANCRO

"La Terra è un ammalato di cancro e in una fase tragicamente avanzata della tremenda patologia degenerativa, di cui si conoscono le cause ma non i rimedi. E la forma di carcinoma che l'affligge, ha addirittura un nome latino: si chiama Homo sapiens".

Le varie forme di vita, siano esse di natura animale, vegetale e umana, appaiono sulla terra in un determinato momento per poi, a tempo debito, estinguersi - e in straordinarie circostanze, ad auto/sopprimersi.

Nel "Tutto Universale" i concetti trascendono da ogni giudizio di "superiore e di inferiore", di "bene e di male", di "vita e di morte", ma si attestano a fenomeni di causa/effetto, imputati alla gestione organizzativa di quel puzzle perfetto che, dall'origine, ha codificato ogni tessera dentro il suo spazio ideale.

Per tanto, l'individuo umano, non può accampare alcun merito, capacità, o particolare intelligenza che non siano le stesse espresse da una piattola, da un filo d'erba o da un batterio. L'uomo terrestre, non è una "condizione senza la quale..", ma oggi corpo estraneo che destabilizza l'ordine delle cose. E così com'è venuto se ne andrà, per permettere alla natura di riappropriarsi delle sue ragioni.

Immaginiamo il pianeta terra come una delle infinite cellule del sistema universo, vista al microscopio dall'occhio di un attento e scrupoloso ricercatore proiettato nello spazio. Si noterà immediatamente che a differenza delle altre cellule, la terra presenta alcune evidenti anomalie e patologie di natura iperplasica e ipertrofica. Una disfunzione che sta mettendo a serio rischio la sua sopravvivenza.

Ad una prima e sommaria valutazione, l'osservatore si limiterà a constatare la presenza di un sostanza semisolida e appiccicosa di colore grigiastro, prodotta dalla cellula in questione (la terra) e che, la stessa, non é più in grado di sintetizzare, di riassorbire o di smaltire. Questo elemento, in precedenza estraneo, si accumula sul tessuto connettivo della cellula, alterandola in maniera strutturale e irreversibile e comportando la perdita di qualsiasi funzione vitale.

Il nostro ricercatore ipotizza che diversamente da un tempo, si sia prodotto nella cellula un difetto di funzionamento (corto circuito, intoppo) del suo processo primitivo. Questo incidente di percorso, ha compromesso irrimediabilmente la sopravvivenza della cellula, che in virtù di un intrinseco e necessario processo di necrosi, cercherà di auto sopprimersi, previa il rischio di contaminazione delle altre cellule.

A un più attento esame, il ricercatore individuerà poi, un congruo numero di elementi oblunghi, con due appendici alla base della loro estremità e una rotondità alla sommità e che intuisce, possano rivelarsi i virus responsabili di una tale patologia; l'uomo.

La sostanza appiccicosa e grigiastra, individuata dal ricercatore e riportata alla nostra realtà quotidiana, rappresenta tutta quella montagna di rifiuti industriali e scorie tossiche che il nostro sistema economico, rigurgita sul pianeta, 24 ore su 24; e l'uomo, in questo caso, è il modello del virus letale.

Il pianeta terra, che per rendere più comprensibile a tutti ho trasfigurato in cellula, non va interpretato come metafora ma (fatte le debite proporzioni), come paradigma assoluto del rapporto che esiste fra la causa dei nostri comportamenti e l'effetto sulla nostra realtà. E questo, vale in assoluto per qualsiasi cosa.

L'uomo, è l'unica specie terrestre il cui sforzo non è quello di impiegare al meglio le qualità e attitudini naturali di dotazione, bensì di vivere disprezzandole e sostituendole con espedienti più "comodi" e meno "faticosi", con l'inevitabile effetto di atrofizzarle.

È la compiuta invasione del male - è la sconfitta della vita - è l'affanno dei palliativi per ritardare la fine - il cancro della Terra, determinato dall'Uomo.

L'Uomo-cancro ha saputo mettere al servizio della causa di annientamento della Terra che lo ospita, anche quella che si dice sua unica prerogativa: la mente. Manipolando massivamente le menti più deboli e impreparate, le forze operanti del cancro sono riuscite a far cessare quasi del tutto quella naturale resistenza detta "istinto di conservazione", e a generare addirittura favore ed entusiasmo (progressismo) a beneficio della diffusione dell'orrenda malattia.

"Si è giunti, così ben presto, in meno di un secolo, a superare il momento in cui si poteva pensare al radicale intervento chirurgico che anticipasse le metastasi – e ora siamo qui, a contarci le ore". R.S.

Milioni di persone nel mondo, oggi sarebbero ancora vive e vegete se non avessero dato ascolto alla campagna mediatica di persuasione messa in campo dalle multinazionali farmaceutiche, le quali, facendo leva sulla paura hanno costretto gli individui a sottoporsi ad indagini cliniche di "prevenzione" diagnosticando inesistenti patologie tumorali. Lo scopo ultimo è di commerciare e vendere i loro farmaci e imporre le devastanti e letali terapie (chemio/cobalto/radio terapia) per un business che si aggira intorno ai 180 miliardi di euro l'anno. Nessuno vuole sconfiggere il cancro. A sti prezzi!!!

Se al più presto, non saremo in grado (e non lo siamo) di riconvertire le nostre abitudini in altre più consone, compatibili e pertinenti alla vera natura dell'uomo, e liberarci per sempre da tutte quelle dipendenze e debolezze che alimentano il Sistema Bestia e il suo potere, saremo gli ignari spettatori e i testimoni oculari della più grande tragedia dell'umanità.

"Solo quando la gente avrà compreso che il liberismo è un cancro, allora, forse..!, comincerà a curarsi"

UN IMBROGLIO ARCHITETTATO AD ARTE

Un uomo d'affari vide con fastidio che il pescatore, sdraiato accanto alla propria barca fumava tranquillamente la pipa.

- Perché non stai pescando? - Domandò l'uomo d'affari
- Perché ho già pescato abbastanza pesce per tutto il giorno.
- Perché non ne peschi ancora?
- E cosa ne farei?
- Guadagneresti più soldi. Allora potresti avere un motore da attaccare alla barca per andare al largo e pescare più pesci. Così potresti avere più denaro per acquistare una rete di nailon, e avendo più pesca avresti più denaro. Presto avresti tanto denaro da poterti comprare due barche o addirittura una flotta. Allora potresti essere ricco come me.
- E a quel punto cosa farei?
- Potresti rilassarti e goderti la vita.
- Cosa credi che stia facendo ora?

(tratto da "Elogio alla Semplicità" di John Lane)

La situazione socio, etica, ed economica che stiamo vivendo, non solo è drammatica, ma si prospetta apocalittica. I governi pensano a fare quadrare i loro bilanci e a tutelare gli interessi di banche, lobby e multinazionali, mentre la disoccupazione miete nuove vittime e disperazione e paura dilagano su tutto il tessuto sociale. La pubblicità, imperturbabile, mente e omologa – i gestori della telefonia incrementano i loro profitti sull'onda di un assordante chiacchiericcio di massa – la benzina vola alle stelle – la classe operaia muore di tumore – le infernali macchinette del gioco d'azzardo fottono soldi a giovani e pensionati, e mentre Equitalia ipoteca le nostre case, l'industria fa scempio dell'ambiente tutto, azzerando la qualità della nostra vita.

Cosa c'è di più trasgressivo e immorale di tutto questo? Possiamo noi accettare una tale condizione di schiavitù, senza che un moto di ribellione, di rabbia e di vendetta, intervenga a porre fine a questo incubo a occhi aperti?

L'errore imperdonabile e per questo fatale dell'uomo moderno generato dalla fumosa, tossica e caotica rivoluzione industriale, sta nell'avere rimosso e sostituito gli imperituri parametri etici, con altri di natura psicopatologica e opportunista, senza avvertire il men che minimo senso di colpa.

La prova del nove che sbaraglia il campo da ogni altra considerazione di merito e sancisce il Liberismo consumista come la peggiore tragedia nella storia del mondo, si ricava dall'osservazione di tutti gli effetti collaterali, controindicazioni e interazioni, che, lo stesso, ha prodotto sull'eco/sistema, sulla qualità della vita degli individui, e sulla loro totale incapacità di immaginare una realtà diversa e contraria, da quella che sono soliti vivere.

Affermare dunque che l'uomo di questo secolo, sia un essere evoluto, progredito e civilizzato, è la più colossale impostura dall'alba dei tempi. Un imbroglio architettato ad arte dalla Bestia Sistema Satana, che dopo la sconfitta del progetto nazista (nel quale aveva investito una gran parte del suo potenziale distruttivo) oggi, con il Liberismo Relativista, mette in atto il suo più strategico e silenzioso progetto di schiavitù di massa, per sferrare l'attacco finale al pianeta terra.

Banchieri e banche, Nuovo Ordine Mondiale, politica, finanza, industria, lobby, media, e affini, non vanno visti, interpretati, come i soggetti relativi ad una degenerazione dell'umana coscienza, ma sono la rappresentazione più eloquente ed evidente di quel disegno perverso, attraverso il quale, il "maligno", attua la sua vendetta contro il Grande Sognatore Celeste.

È proprio in virtù del consolidamento dell'impianto etico, che le illuminate civiltà del passato, hanno conservato la loro grandezza ed evitato che il "maligno" si insinuasse a dimora nel cuore degli uomini e ne dettasse le condizioni. Quei principi e valori fondamentali, innati e connaturati, monitoravano e armonizzavano i comportamenti umani, preservandoli da ogni degenerazione, fascinazione e dipendenza.

Dobbiamo pertanto prenderne atto! La capacità del "maligno" di avere sovvertito ogni regola, logica e ragionevolezza a suo esclusivo vantaggio, ha dello straordinario - del sovrannaturale. É stato in grado di ridurre in schiavitù e piegare al suo volere la nostra anima e il nostro spirito, di omologare i nostri comportamenti e pensieri e, allo stesso tempo, ci ha fatto credere di essere liberi. Un eccellente esercizio di illusionismo applicato alla realtà dai risultati inimmaginabili e dagli effetti apocalittici oramai prossimi.

Tutte le perverse e supposte "scoperte", di cui oggi la scienza moderna si vanta e che sbandiera a conquiste di progresso e di civiltà, non avrebbero mai avuto patria, né visto la luce, in un mondo passato, dove la passione, la spiritualità, la trascendenza, il rito magico, il valore, il coraggio, l'onorabilità, e l'accettazione della morte (come atto supremo di giustizia e porta di transito verso la felicità eterna), erano tutte condizioni fondamentali e inopinabili, sulle quali si reggevano le ragioni imperiture dell'umanità tutta.

Le nostre società, diversamente, hanno cancellato ogni traccia dell'umano senso e così liberato il "maligno" dalle sue catene che, da un tempo immemore, lo imprigionavano ai confini dell'universo antimaterico.

Non c'è dunque niente di cui andare fieri; nulla di nulla su cui accreditare gli ipotetici benefici di quest'epoca dissennata. Non ci sono parole a discolpa e, attenuante, per tutti gli orrendi crimini consumatisi in questo secolo bastardo, dove il male, un tempo riconoscibile e collocabile, ha assunto le sembianze della normalità, espropriando lo spirito dell'uomo, privandolo così della consapevolezza, del discernimento e dell'impulso passionale.

Questa prima opera di smantellamento e di rimozione arbitraria dell'impianto etico originario, ha prodotto, in seguito, quello che, oggi, è un mondo di schiavitù e che, alle catene, ha sostituito le dipendenze e la massificazione .

Via via, poi, affinché il cammino intrapreso non fosse ostacolato da alcun che, ogni tabù è stato superato, mortificato e reso ridicolo e, la morale, la spiritualità e religiosità, svuotate del loro intento riedificatore, rigeneratore, e motivo di aggregazione solidale.

È per me umanamente inspiegabile il fatto che miliardi di persone rese schiave e asservite in toto alle logiche del sistema liberista nutrano ancora la convinzione di ritenersi libere. Siamo a tal punto dipendenti e assuefatti alle perversioni che il sistema bestia ci spaccia come libertà e diritti, che il solo pensiero di crederci liberi, è un mero esercizio di illusionismo. Siamo stati privati di quella autonomia che un tempo traduceva i comportamenti umani in elementi di diversità, creatività e ispirazione e che oggi si sono tradotti in omologazione e schiavitù! Libero è quell'uomo capace di scrollarsi di dosso ogni potere, oppressione e imposizione, in grado di decidere della propria vita e morte, sulla spinta propulsiva della sua forza di volontà e passione. Oggi non siamo che numeri spenti e se non cominciamo ad addizionare, sottrarre, dividere e moltiplicare, presto saremo il nulla.

SOLO UNA MECCANICA SPINTA ALLA MERA
SOPRAVVIVENZA

Gli anziani Dakota erano saggi. Sapevano che il cuore di ogni essere umano che si allontana dalla natura si inasprisce. Sapevano che la mancanza di profondo rispetto per gli esseri viventi e per tutto ciò che cresce, conduce in fretta alla mancanza di rispetto per gli uomini. Per questa ragione, il contatto con la natura, che rende i giovani capaci di sentimenti profondi, era un elemento importante della loro formazione.
Orso in Piedi

Confrontando e comparando attraverso alcuni parametri di riferimento oggettivi, la condizione e lo stile di vita dell'uomo della pietra con l'individuo tecnologico dell'era moderna, saremo in grado di ricavarne il livello di libertà, e di felicità raggiunti dall'uno o dall'altro, nelle loro diverse circostanze temporali.

La consapevolezza di sé e delle cose, è il gradino più alto della conoscenza. E quanto più è filtrata dalle tutte le intrusioni di natura didattica, culturale, informatica, tecnologica, psicologica e nozionistica, tanto più la libertà mentale dell'uomo sarà prossima alla verità.

La sfera della consapevolezza dunque, si amplia e si espande, nella misura in cui il nostro rapporto con la realtà è libero da ogni tipo di sollecitazione, debolezza e dipendenza e da ogni altro condizionamento che intervenga ad inquinare quel processo primigenio (logico e istintuale), che ci conduce alla radice (all'essenza) della verità, fugando ogni relativizzazione, contaminazione, e giudizio soggettivo.

Pertanto, il grado stabilizzato di felicità da noi raggiunto, è direttamente proporzionale al nostro livello di consapevolezza.

Diversamente dall'uomo preistorico, e in netta antitesi, la nostra esistenza è obnubilata da una serie infinita di ipotesi, di congetture, invenzione e tecnicismi, che ci precludono inevitabilmente la possibilità e la capacità di determinare quella presa di coscienza, necessaria e deputata al risveglio di una consapevolezza acritica.

Affermare che l'uomo cibernetico del nostro tempo sia l'espressione massima del suo ego, è una conclusione inattendibile e incongruente.

Contrariamente a tali congetture, l'individuo robotizzato delle società moderne, non ha alcun Ego, non essendo in possesso di alcun parametro di solido riferimento attraverso il quale addivenire a delle scelte oggettive!!

Viviamo nel totale relativismo, etico, morale affettivo e spirituale! Non serviamo più a nulla, non abbiamo scopi, vere motivazioni, se non la meccanica spinta alla mera sopravvivenza, condizionata da un residuo istinto di auto/conservazione che si va spegnendo, e che porterà una gran parte dell'umanità ad un suicidio di massa.

Viviamo e ci comportiamo contro natura. Questo accade perché, oggi, ogni azione, motivazione e scelta, non sono rivolti al benessere, al bisogno primario e alla felicità dell'individuo, ma al mero e banale profitto materiale e psicologico – alla soddisfazione di dipendenze e al ricorso di attenuanti, addotte al fine di relativizzare, giustificare le nostre debolezze strutturali.

La visione del mondo "dell'uomo della pietra", era diretta, simbiotica e mutualistica, interagendo con la natura (la terra) come il solo, unico interlocutore e mediatore affidabile e indiscutibile, fonte di consapevolezza, e quindi di saggezza e di pura conoscenza. Una condizione di privilegio che gli assicurava uno stabile e durevole livello di felicità, e dove il "libero arbitrio" si rattrappiva sui bisogni primari e sull'istinto di autoconservazione.

Questo secolo ci ha derubato di ogni residua consapevolezza, trasfigurando la felicità in una sorta di isterico e schizofrenico sbalzo d'umore, che subito scompare per fare posto al dubbio e alla paura, fin dentro un frustrante e patologico stato d'angoscia esistenziale.

Un'umanità di individui snaturati e smarriti, più concentrati sul male che possono fare agli altri, che il bene a loro stessi.

"Ho visto più di mille negozi di "caccia e pesca", strabordanti di infiniti articoli, modi e tecniche per pescare e cacciare. Ma la fuori, nei residui boschi, non ho visto uccelli, ne ho scorto pesci fra le oramai desolate e inospitali acque del mare"

Viviamo in un mondo al contrario dove, all'aumento vertiginoso delle possibilità, corrisponde un azzeramento dell'obiettivo e dello scopo finale. Questa diabolica equazione, ci dice in breve di quanto inutile e nefasto sia tutto questo baraccone tecnologico che non è in grado di soddisfare e onorare le vere e ineludibili ragioni e reali bisogni dell'uomo.

Le potenzialità perverse della tecnologia sono direttamente proporzionali alla loro capacità intrinseca di annullare gli scopi ai quali erano destinate; minore fatica, più tempo libero e benessere per tutti. Così, a infiniti modi e tecniche per pescare e cacciare, coincide l'assenza di pesci e uccelli. E questo vale per ogni cosa! Possiamo avvalerci di tastiere avveniristiche e milioni di suoni, campionamenti e combinazione ritmiche, ma l'arte, l'ispirazione e la creatività, sono oramai defunte. Disponiamo di mezzi di comunicazione fantascientifici, che ci permettono di interagire in tempo reale con tutto il mondo, quando non c'è più niente da dire, e la nostra sterile conoscenza, non deriva dalla somma delle nostre esperienze, ma si limita a qualche notizia attinta dal grande mare della rete che facciamo nostre per ragioni le più strampalate. Siamo ossessionati da squallidi programmi di intrattenimento e svago, giochi virtuali, pornografia e affini, mentre la gioia, la pace e l'appagante felicita non abitano più il nostro cuore, e in lui non vibra più alcuna corda.

Inventare un oggetto tecnico, una sostanza tecnica, fisica, fisico-chimica, significa inventare un incidente specifico, con l'intrinseca potenzialità di eludere, annullare o contraffare ogni supposto risultato.

La "tecnocrazia liberista" accetta di vedere solo la positività del suo oggetto e dissimula senza posa l'incidente, le controindicazioni, le interazioni e gli effetti collaterali.

La soddisfazione in Tempo Reale di ogni nostro più turpe desiderio e presunto bisogno, non può produrre che alienazione e sconforto, perché orfana di quel percorso individuale di crescita umana, che traduce ogni vittoria e conquista in piacere e appagamento, consolidando così la nostra autostima, diversamente da oggi, dove tutto è ridotto a mero tecnicismo.

Il grande inganno si annida nella vana promessa di un risultato immediato (in tempo reale) tanto sbandierato dal Sistema Bestia: l'illusione, la chimera suadente e seducente che cela ad arte fra le sue ali il più ferale degli artigli.

Tutto oggi è stato stressato, compresso, pompato e umiliato. E questo non riguarda solo la sfera della nostra esistenza, ma tutto ciò con cui quotidianamente ci rapportiamo, sia che si tratti di lavoro, comunicazione, affetti e alimentazione.

Ogni cosa è stata piegata alla logica del "tutto e subito", per soddisfare una perversa domanda globale di beni e bisogni fallaci nella maggiore parte dei casi, trasfigurati in vere e proprie patologie, dipendenze e pulsioni nevrotiche.

Per tenere testa a una tale richiesta di massa, il Sistema Bestia è stato in grado di coartare fino a cancellare quel processo temporale di formazione, maturazione, evoluzione delle cose, ritenendolo una imperdonabile perdita di tempo e quindi di profitto. Per tanto, tutti i danni prodotti alla qualità della nostra vita e all'ambiente nel suo complesso, sono il risultato ultimo della meccanizzazione e tecnicizzazione, che sulla soddisfazione meramente virtuale in Tempo Reale della spropositata domanda di consumi in atto, attua il suo piano di distruzione.

Tumori (oggi in aumento esponenziale) e infinite altre vergognose patologie, disturbi neurologici, infarti, allergie, ecc.., non sono che la logica conseguenza di una alimentazione alterata nei suoi processi vitali ed evolutivi. Risultato di un'alterazione dello stato di coscienza, indotta da una massiccia opera di propaganda, che si prefigge di snaturare ogni regola e principio biologico, in nome del Risultato Immediato, dell'interesse particolare, e del potere.

Verdure, ortaggi e frutta fuori stagione, che tutti noi persistiamo a consumare durante l'anno come le voglie irreprimibili di una donna in cinta, appartengono a quella categoria di beni ai quali è stato sottratto il loro naturale tempo di crescita, sovvertendone ogni regola e snaturando le loro funzionalità con l'aggiunta di principi chimici e interventi di manipolazione genetica.

Di fatto, questi prodotti, conservano solo l'aspetto, la forma dei loro fratelli originali, ma di tutte le caratteristiche organolettiche e nutrizionali, non vi é traccia alcuna.

L'estinzione di migliaia di specie animali e vegetali nel mondo, non è solo relativa all'inquinamento del territorio, dell'aria e delle acque, ma è funzionale alla facilità e alla velocità di applicazione di tutte quelle macchine tecno/infernali messe sul mercato, che alla fatica fisica hanno sostituito l'azione necro/meccanica.

Quale civiltà nella storia del mondo sarebbe mai stata in grado di mettere in atto quel piano di deforestazione (soluzione finale) di cui si sono macchiate le nostre moderne società? Motoseghe infernali di ultima generazione che sono in grado di abbattere alberi secolari in pochi secondi, come fossero fuscelli. Questa abissale sproporzione, si pone a paradigma di quella devianza e depravazione morale, etica e spirituale messa in atto dall'uomo ipertecnologico di quest'epoca dissennata.

Oceani, mari, fiumi e laghi, sono ridotti a latrine a cielo aperto, mentre una flotta di migliaia di pescherecci "super/tecnologici", armati fino ai denti, rastrellano i fondali marini sterminando ogni specie acquatica, animale e vegetale. Baleniere come corazzate in assetto di guerra fanno strage di cetacei per saziare la sete di sangue di individui asserviti alla volontà del maligno.

Cacciatori "per sport" a bordo dei loro gipponi cromati, bardati di tutto punto, anfibi, tuta mimetica, fucile automatico, cartucciera "Rambo" (che sembra stiano per avere uno scontro a fuoco con dei terroristi), scaricano la loro frustrazione sulle ultime specie viventi del pianeta, causandone l'inesorabile estinzione.

Se davvero vogliamo conoscere la verità e farla trionfare, dobbiamo frequentarla quotidianamente e applicarla a ogni nostro comportamento, gesto e scelta, con quella passione e coerenza di chi intende onorare il significato della vita, per poi farne dono ai suoi figli. Questo può succedere solo a patto che ci si ci attenga scrupolosamente a tutti quei dettami, valori e principi, che fin dall'alba dei tempi hanno caratterizzato l'essere umano, proprio in virtù di un impianto etico connaturato, che da sempre lo aveva preservato da ogni degenerazione della coscienza, intervenendo sui suoi comportamenti dissennati, dissonanti con la primigenia natura umana.

NO! NON SIAMO ANCORA ABBASTANZA POVERI

29 agosto 2014

Oggi riflettevo sul concetto di "povertà"; quella condizione che fin dall'alba dei tempi si determinava per l'impossibilità (in tutto o in parte) di soddisfare i beni di prima necessità (cibo, acqua, fuoco, indumenti) deputati alla sopravvivenza del singolo individuo, del nucleo familiare e della specie.

Questa era una "povertà oggettiva", reale, inopinabile, che non dava addito ad interpretazioni d sorta.

L'uomo moderno della società dei consumi vive una "povertà" immaginaria, che è percepita tale, non per mancanza di beni primari, ma per l'impossibilità di fare fronte (sotto il profilo meramente economico) a tutta quella lunga lista di beni effimeri, superflui e di natura ludica, che il Sistema ci propina a "tambur battente" in virtù del suo piano di manipolazione e omologazione delle coscienze.

Definirci dunque poveri, quando non siamo in grado di rinunciare al più stupido e inutile dei beni, è un insulto alla miseria; una bestemmia che grida vendetta!

Nel mondo si produce cibo per ipotetici '13 miliardi di individui, quando in realtà la popolazione del pianeta è di soli '7 miliardi. Questo dato spaventoso, sotto il profilo etico, morale e ambientale, si ascrive a paradigma di uno spreco che non trova eguali nella storia del mondo, e ci dice che la metà del cibo in circolazione finisce in discarica; una quantità sufficiente ad alimentare un secondo pianeta Terra.

E poi, dove pensate che finiscano tutti gli agenti chimici, tossici e cancerogeni mascherati da shampoo, balsami, detersivi, detergenti, emollienti, sbiancanti, rassodanti, acidi per sgorgare cessi e lavandini, ecc., se non nel futuro dei nostri figli?

La verità, è che non siamo ancora abbastanza poveri da rinunciare a tutta questa montagna di merda che riteniamo essenziale per la nostra miserevole vita.

La verità è, che siete tutti degli irresponsabili senza un briciolo di volontà e di consapevolezza, capacità critica e discernimento, altrimenti, a quest'ora, avreste capito che bastava del semplice sapone fatto in casa (con olio di oliva o soda) per assolvere a tali necessità ed eliminare dalla vostra vita tutta quell'immondizia velenosa che acquistiamo al Mercato del Grande Malfattore - risparmiando così soldi e non infierendo sulla nostra salute. E questo vale per qualsiasi cosa dalla quale non siamo in grado di sganciarci, per quella pigrizia mentale e fisica che caratterizza l'individuo moderno.

No, non siete ancora abbastanza poveri da reclamare diritti e assistenza, quando ancora consumate bevande gassate, merendine industriali; quando ancora sperperate denaro in cellulari, fotocamere, iPod, iPhone,Tablet di ultima generazione, in ricariche telefoniche, slot machine, e tutto il resto che conoscete meglio di me.

Un tempo, quando il mondo era "normale", il concetto di povertà si riduceva all'impossibilità di potere soddisfare beni primari, mentre oggi voi sareste in grado di rinunciare ad alimentarvi, pur di non mancare la seduta settimanale con l'estetista, all'ora di aerobica, all'abbonamento a Sky, ai siti porno, al vostro cappuccino e cornetto ripieno, e di apporvi un tatuaggio del cazzo sulle chiappe del culo.

No, non siete poveri... siete dei vagabondi, dei lavativi; un branco di debosciati incapaci di ogni cambiamento e rinuncia, riversi sulla soddisfazione in tempo reale di ogni debolezza e dipendenza, sempre tesi ad accampare scuse e attenuanti.

I poveri autentici conservano almeno la dignità che voi, gregge di pecore belanti, avete mercificato con il Sistema a fronte di false promesse di benessere, di comodità invalidanti e di bislacche libertà.

Quando sarete veramente poveri, vorrà dire che avrete rinunciato all'effimero e al superfluo. E la prova la ricaverò quando l'indice del PIL precipiterà a caduta libera.

Fino a quel momento, ritenetevi solo dei gran "cazzoni", ma non poveri, perché la povertà vera è una cosa seria e non va confusa con la stupidità e la psicopatia compulsiva.

Questo mondo (per senso di decenza definito "moderno"), andrà a finire male; anzi, malissimo, perché la natura degli scopi perseguiti è demoniaca, non avendo tenuto in nessun conto il vero concetto di bene comune, ma al contrario, facendo "cassa" sull'ottusità e sui lati peggiori della gente.

LA CRESCITA – UN CONCETTO DEMENZIALE

La cosa diabolica e al tempo stesso straordinaria del Capital/liberismo, sta nell'avere prodotto negli individui una depressione profonda, un vuoto incolmabile, illudendoli, parallelamente, di poterlo riempire, acquistando e consumando tutto quel Luna Park dell'orrore che lo stesso Sistema genera senza sosta.

Quale crescita è dunque possibile in un mondo bloccato, saturo fino alla nausea di ogni più insulso bene e, di fatto, più propenso a vomitare, rigurgitare, a espellere, per liberarsi di tutta quella montagna di falsi bisogni, che hanno trasformato la nostra quotidianità in un inferno di solitudine e di angoscia?

Non c'è nulla al mondo che possa crescere oltre un certo limite che non sia la stupidità dell'uomo moderno, né tanto meno questo Sistema marcio che non è più in grado neppure di smaltire ciò che produce, ingolfando depositi e magazzini di merce invenduta. Quale decerebrato può ancora credere in un aumento della produzione e conseguente ripresa dell'economia, se non gli stessi che l'economia hanno affossato? Loro, comodi e ben pasciuti, che non hanno la più pallida idea di cosa realmente accada oltre i confini dei loro interessi particolari.

Oggi abbiamo toccato il picco massimo di ogni bene prodotto e più fantasiosa aberrazione, e qualsiasi tentativo a proseguire e perseverare in questa direzione, si è reso impraticabile e suicida. La nostra relativa salvezza, diversamente, sta nella "decrescita": una riduzione netta e pragmatica dell'attività economica industriale e tecnologica, fino al suo azzeramento.

Gli "autorevoli" economisti, affermano che nel 2014 la domanda mondiale crescerà, e tutti noi, allora, ci potremo agganciare alla ripresa. Le balle di sempre – retoriche, nauseabonde e rivoltanti!

La gente non vuole più consumare, e non solo per motivi legati al potere d'acquisto e alla scarsità di denaro, ma perché, la stessa, ha preso coscienza del fatto che tutto questo consumismo imperante, non si è tradotto in felicità e benessere. Al contrario, ha reso le persone fragili, insicure, povere e frustrate, mentre ha riempito gli stomaci senza fondo, di imprenditori, banchieri e politicanti senza scrupoli e senza vergogna che, come buchi neri, travolgono nel loro vortice di profitto e di potere, le nostre vite.

Una società vera, coerente, ragionevole e solida, basa il suo tasso di civiltà sul risparmio e, in gran parte, sul consumo di beni di prima necessità.

Le nostre occidentali, in totale contro tendenza, hanno puntato la loro sopravvivenza sul commercio di beni e prodotti di nessuna reale utilità.

Quanto può reggere ancora un sistema del genere? Già da tempo se ne avvertono gli allarmanti scricchiolii, premonitori di una sua prossima e imminente implosione.

Non dimentichiamoci poi che a più "consumismo", corrispondono più rifiuti e spazzatura. E questo, non è un problema da poco, ma una vera emergenza planetaria, che se non contrastata in tempo, vanificherà ogni ipotetica e supposta ripresa e benessere.

Per questi ovvi motivi, io credo che non ci sarà alcuna domanda che possa innescare una ben che minima crescita, e produrre quello sviluppo sempre invocato.

Secondo il concetto di crescita tanto auspicato dal Sistema Bestia, i cittadini dovrebbero consumare e comprare a credito, beni non essenziali per mettere in moto l'INDUSTRIA dell'EFFIMERO che, parallelamente, dovrà assumere personale a salari da fame; lavoratori che, a loro volta, sono costretti ad acquistare i beni da loro stessi prodotti alla catena di montaggio, perché la fabbrica non chiuda, i padroni si ingrassino e la crescita riparta. Dobbiamo, per questo, riconvertire al più presto le nostre abitudini ed esigenze, in altre, più attinenti e consone alla vera natura dell'uomo ragionevole.

Oggi, le scelte individuali di una gran parte dei cittadini, rifuggono da ogni codice etico, deontologico e buon senso, e sono incredibilmente la proiezione dei loro lati e comportamenti peggiori che, diversamente dal rimuovere, tendono a consolidare, attestandoli a virtù da ostentare, sinonimi di carattere, personalità e di nuova libertà. In questo modo, i cittadini si rendono complici e responsabili del degrado umano, di valori ed economico, della società che dovrebbero rappresentare, ipotecando di fatto il futuro delle nuove generazioni.

È giunto il tempo per i grandi detentori di patrimoni, di mettere mano al portafogli per salvare un paese depredato dall'ingordigia di interessi particolari. E non come gesto di cristiana generosità compassionevole, ma per restituire agli italiani il mal tolto, frutto di corruzione, di spartizione, estorsione, evasione e collusione, e a fronte di tutti quei danni ambientali, etici e morali, che hanno imbarbarito la qualità della nostra vita, e ipotecato il futuro delle nuove generazioni.

PASSATO E PRESENTE NON SONO SOVRAPPONIBILI

Milioni di lavoratori e di famiglie dei paesi industrializzati, per decenni sono sopravvissuti acquistando e consumando tutti quei "beni" che la stessa classe operaia ha concorso a produrre in totale solitudine, al chiuso di caotiche e maleodoranti fabbriche fumanti. Un perverso meccanismo (circolo vizioso) in virtù del quale, se intendi mantenere il lavoro, devi acquistare ciò che hai contribuito a produrre per assicurarti il salario o lo stipendio; risultato ultimo di una condizione delirante di moderna schiavitù a piede libero, che ha defraudato l'individuo del suo sacrosanto tempo libero e di una vita degna, omologandolo all'idea dominante di sfruttamento sistematico imposta dal Sistema Padrone Schiavista.

Gli individui omologati di quest'epoca dissennata, si appellano alla soggettività come attenuante a uno stato di incapacità e impossibilità di formulare un personale giudizio critico attendibile sulla base della loro conoscenza, non disponendo di quei punti di riferimento inossidabili che, un tempo, decretavano le ragioni della vita stessa e che oggi sono venuti a mancare, scalzati dalla logica di quel consumismo imperante che ha codificato, a suo vantaggio, ogni azione umana e pensiero. In parole povere, è venuto meno quell'impianto etico che, da sempre, regolava, monitorava e armonizzava l'intricato e sofisticato sistema di relazioni e interazioni del singolo con gli altri soggetti. Questo misterioso processo, era capace di rendere fluide le risposte ai nostri perché e trasparenti le verità, declinando poi al libero arbitrio, l'onere della responsabilità della scelta.

Affermare, che passato e presente siano sovrapponibili, equiparando i crimini perversi della modernità, capitalista industriale, con quelli di ieri è un esercizio di disonestà intellettuale e di pura ipocrisia, attraverso il quale il Sistema, intende sdoganare e giustificare le aberrazioni di questo secolo adducendone attenuanti di stampo storico e ciclico.

Sarebbe come asserire che le spade delle legioni romane uccidevano al pari di una bomba intelligente, al fosforo o nucleare; che le cadute da cavallo (mezzi di trasporto di un tempo), le potremmo serenamente paragonare (per numero e conseguenze) agli incidenti stradali e mortali che giornalmente si consumano sulle nostre strade e autostrade; che la percentuale di sostanze tossiche, inquinanti e mortali, disperse nelle acque di fiumi, laghi, mari e falde acquifere e sul territorio, non è un novità di oggi; che l'aria delle nostre città è la stessa di sempre; che l'estinzione sistematica di specie animale e vegetali è un fattore endemico alle ragioni della natura stessa: che poi si estinguano in milioni di anni o in pochi decenni, non fa alcuna differenza; che il numero in crescita esponenziale di imbecilli in circolazione sia fisiologico a tutte le civiltà passate e future.

Quando un progetto biologico naturale che si è evoluto in milioni di anni in virtù di logiche e regole connaturate e imperiture (che in realtà definiscono il progetto stesso), ad un certo punto, e a una velocità impressionante, sviluppa una realtà ipertrofica e iperplasica diametralmente opposta (per modalità, finalità e motivazioni) al progetto originario, possiamo dichiarare, senza ombra di dubbio, che siamo in presenza di un tumore. Le moderne società occidentali, rappresentano per il nostro pianeta questo tumore. Le sue metastasi hanno intaccato irreversibilmente gli organi vitali di un corpo (la terra e la società), oramai in coma irreversibile.

Per comprendere in maniera elementare e ovvia (senza essere per questo addentro a qualche particolare specializzazione) il futuro del capitalismo, era sufficiente, solo qualche decennio fa, dare un'occhiata sommaria alla qualità delle nostre acque e annusare l'aria delle nostre civili metropoli. Era evidente, anche ai più recalcitranti detrattori, il degrado ambientale innescato dalla deriva etica e di valori del capitalismo liberticida, sulla quale, lo stesso, aveva investito ogni sforzo e risorsa pur di attuare il suo piano mefistofelico di omologazione e di schiavitù psicologica. Bastava guardare la sempre più becera televisione commerciale di allora alla quale, in seguito, si sono poi (allineate per concorrere al peggio), le reti nazionali; pubblicità ingannevole, mistificazione della realtà, contraffazione industriale, e la menzogna assurta a regola relazionale. Non bastava forse tutto questo scempio, per innescare un moto di indignazione generale e un'autorevole alzata di scudi della cosiddetta "intellighentia"? Tutto è scivolato via, sopra tutto e tutti e, le mie infinite lettere e oggi mail di denuncia, miseramente cestinate fra i rifiuti pericolosi del complottismo catastrofista.

Afferma Predrag Matvejevic, emerito scrittore bosniaco: "Chi poteva immaginare, solo un decina di anni addietro, che il cosiddetto capitalismo finanziario avrebbe messo in pericolo l'esistenza del capitalismo stesso? Che avrebbe messo così a nudo le sue contraddizioni?"

Io che inverosimilmente sono accusato di avere delle certezze, fra i pochi in questa fetida palude di relativismo generalizzato, non solo me lo ero immaginato, ma ne ero amaramente consapevole da decenni. Scrissi a proposito su tale questione un'opera Rock teatrale che in seguito divenne un vinile (L'acqua purificatrice (Il compenso) 1975 – Durium) e un paio di saggi che mi costarono la qualifica di "novello catastrofista ante litteram".

Tutti questi geni della finanza, dell'economia, dell'ecologia, della sociologia, dell'antropologia e della letteratura, piegati dal peso di mille onorificenze e narcotizzati da profitti stellari, arrivano alla vigilia della catastrofe, chiedendosi con la meraviglia di un bambino: "chi poteva immaginare?"

Io, non solo me lo ero immaginato (confortato dalla condivisione di pochi altri "catastrofisti" dileggiati e derisi dall'ottusità generale e da un ipocrita qualunquismo), ma era per me un dato certo, risultato della stringente logica del, "due più due fa quattro".

Trovo, a dir poco singolare la meraviglia del prof. Predrag Matvejevic, definito una delle voci più alte e più lucide della nostra Europa quando, già da oltre un trentennio si avvertivano gli scricchiolii sempre più ricorrenti di un Sistema che aveva edificato il suo progetto perverso sulle sabbie mobili del mero consumismo, umiliando il risparmio del cittadino, demonizzato al pari di un'eresia.

Il "chi poteva immaginare" di Predrag Matvejevic, è una grave lacuna socio/ culturale e storica che non può essere liquidata (vista l'autorevolezza del dicitore), come un pasticcio espositivo.

L'implosione, oramai imminente, del capitalismo non è dunque relativa ad un fattore economico-finanziario che, come sostiene il prof. Matvejevic, "mette in pericolo la sua stessa esistenza", ma è indotta dalla concatenazione e l'interazione di fattori destabilizzanti, endemici a quel progetto degenerativo che, lo stesso capital-liberismo condivide nel suo DNA, come eccellenze genetiche.

Quella che oggi si persiste con il definire "una crisi", in realtà è la fine di un sistema, la fine di un'epoca – la fine di un mondo. Sviluppo, crescita, ricerca, sono le parole vuote di un ritornello dissonante e fastidioso, che gli stessi autori non hanno più il coraggio di intonare.

Il lavoro meccanico non paga e, quel che è di peggio, ci abbrutisce e ci incattivisce, rendendoci refrattari ai bisogni degli altri, e sempre più vulnerabili al dolore e alla malattia. Meglio restare chiusi in casa, fermi, immobili, nella trepidante attesa della grande implosione. Così, non c'è più niente da comprare, da consumare, niente su cui investire, niente da dire, niente in cui credere e in cui sperare.

"Il carattere distruttivo dell'uomo, assume dimensioni planetarie, paradossalmente, proprio per colpa dell'aumentare della sua conoscenza tecnica - una distruttività che non si limita al presente, ma che è rivolta a un ipotetico futuro". L'uomo cibernetico sviluppa ulteriormente il suo narcisismo, diventando egli stesso uno strumento per raggiungere il successo, e quindi, intensificando verso l'interno, l'investimento libidico ma, allo stesso tempo, egli allarga il proprio Sé, su una realtà solo virtuale (come diremmo oggi), su cui riversare gli impulsi narcisistici. Si instaura così un altro rapporto simbiotico di dipendenza in cui, la madre dell'uomo non è più la natura, ma quella 'seconda natura' che egli si è costruito; le macchine che lo nutrono e lo proteggono: un quadro perfetto della nostra realtà".

Gli uomini di quest'epoca insensata, inariditi nell'animo e nello spirito e, ammaliati dalle lusinghe di sirene indolenti, si sono prostrati, al pari di idolatri, al cospetto di un Sistema Bestia, che sotto le sembianze del buon samaritano cela, ad arte, la sua natura mefistofelica. Oggi la scienza, arida e opportunista, ha fatto scempio di ogni valore e principio etico, barattandoli e mercificandoli in cambio di illusione e vane promesse di libertà e benessere, relegando l'umanità nel crepuscolo di un limbo gelatinoso, svuotando gli uomini da ogni loro oggettiva e arbitraria responsabilità e prospettiva.

Credere poi che la politica sia in grado di riconvertire il bene in male, non solo è utopistico, ma è indicativo di una totale assenza di consapevolezza e del più remoto senso della realtà. La politica è morta, ancora prima che assassinassero il presidente John F. Kennedy e il fratello Bob, colpevoli di alto tradimento contro il potere del profitto ad ogni costo e con ogni mezzo. Il nostro pianeta, oggi, pullula di "faccendieri e mercenari" (inquietanti personaggi al soldo del potere), pronti a tutto pur di affermare e consolidare l'originario, progetto di omologazione, di sfruttamento e di schiavitù messo a punto dai vertici del Sistema Bestia.

Il cancro del mondo, è l'occidente, e le sue metastasi hanno intaccato e contaminato in modo irreversibile ogni cosa, ogni pensiero, ogni anima, ogni cuore – ogni vita, animale e vegetale, ogni acqua, ogni aria, ogni residuo di speranza, di volontà e di passione.

Oggi, l'occidente, è un malato di tumore in fase terminale – un mondo che ha idolatrato le sue perversioni, fino a diventarne vittima; un mondo senza Dio che ha mercificato la propria anima a fronte di libertà effimere, debolezze e miserabili dipendenze. Lui, un diavolo sterminatore, detentore delle più micidiali armi di distruzione di massa, l'Untore per eccellenza, che ha contagiato in forma virulenta, anche il più estremo e recondito anfratto di questa terra, dando fondo alla sua indole necrofila e all'arsura di morte. Un albero senza radici destinato ad abbattersi al suolo dentro un boato sordo, e al quale ci ostiniamo a fare produrre tutti quei frutti velenosi che, giorno dopo giorno, ci intossicano la vita e contaminano la nostra coscienza: un albero pompato, dopato, modificato nei suoi caratteri primordiali e trascendenti, metafora di un'umanità defraudata da ogni codice etico, estetico e barlume di buon senso.

Tutte quelle allucinazioni che persistono a definire conquiste (che siano sociali o tecnologiche), sponsorizzate nei decenni come traguardi fondamentali e scelte ineludibili, si sono rivelate oggi, alla luce dei risultati, delle autentiche bufale, ma non solo; hanno peggiorato la condizione umana, azzerando ogni barlume di autentica felicità. Questo mio, è un dato di fatto incontrovertibile (sicuramente impopolare), che misura la felicità, usando come parametri assoluti, la qualità della vita e l'integrità dell'ambiente.

Così, alfabetizzazione e omologazione procedono allo stesso passo, e sono le due facce di una stessa medaglia. Spingono gli individui a uniformarsi alle tendenze dell'idea dominante; un'opera di condizionamento e di plagio senza precedenti, che in pochi decenni ha scardinato ogni preesistente regola, personalismo e costretto l'individuo a tradire la sua vera natura, per sottomettersi all'egemonia dell'Industrialesimo idolatra e alle seducenti sirene del consumismo.

Quella che oggi impropriamente è definita "cultura", si è rivelato arido apprendimento, improduttivo e inconcludente.

Quanti giovani, oggi, hanno buttato il loro prezioso tempo, chini sui banchi di scuola, dentro atenei caotici, fra master, stages e improbabili specializzazioni? Quanti hanno rinunciato a vivere per rincorrere il mito di una laurea svuotata di ogni significato e intenzione, per coronare l'ambizione dei loro padri? Quante energie e sudati risparmi è costato tutto questo? Meglio sarebbe stato per loro zappare un campo, coltivare patate - raccogliere i frutti della fatica, dando alla propria esistenza, un senso, una dignità e una vera libertà.

Che futuro avranno mai questi ragazzi, quando oggi il Sistema li ha derubati dalla capacità di volare da soli e liberi, incatenandoli all'illusione e alla paura?

Meglio sarebbe stato per loro impastare fango - costruire una casa di pietra sulla collina, fra i sugheri e le querce - e poi al tramonto rincasare e perdersi nella magia dei sorrisi e garriti di gioia, di marmocchi analfabeti, gonfi d'amore e di sincera meraviglia!

Il mito dell'alfabetizzazione e della scolarizzazione obbligatoria, sdoganato dal Sistema come riscatto da una condizione di ignoranza, accesso alla società civile, e come presupposto per un lavoro dignitoso (mortificando così il lavoro della terra, vera conoscenza, tradizioni, principi e valori) è miseramente defunto.

La perdita di autonomia e autosufficienza, (un tempo, valori fondamentali dell'illuminata società contadina), ci ha relegato dentro una schiavitù senza catene, livellando gli individui e privandoli dei personalismi, immaginazione e slanci rivoluzionari. Per il Sistema una vera pacchia.

Nelle società del passato, la cultura rappresentava l'insieme della conoscenza di un popolo, delle sue infinite diversità e peculiarità individuali – un perfetto meccanismo logico di interazione positiva e di simbiosi mutualistica, fuori da ogni settarismo socio/culturale e politico.

L'analfabeta, proprio in virtù del suo stato, ha sviluppato particolari e ingegnose caratteristiche, diverse ma complementari a quelle di un qualsiasi acculturato, così come il non vedente amplifica il tatto, l'udito, e la sfera della percezione.

Se interrompiamo la catena del reciproco bisogno, tutto perde il suo senso.

Ogni essere umano ha un suo ruolo ben definito, come le caselle di un mosaico che in virtù della loro corretta collocazione, conseguono a completare nella sua integrità il "Disegno" originario. In una società funzionale e felice, ogni individuo è portatore di ricchezza.

La diversità, come tale, è il presupposto fondamentale e valore ineludibile, senza la quale nulla potrebbe esistere; baluardo di libertà e giustizia, solidarietà e pietas.

Il Sistema Liberista Relativista, oggi, intende scardinare le logiche imperiture della convivenza, per dare corso ad un progetto di distruzione e di schiavitù, che neppure il peggiore dei regimi sarebbe mai stato in grado di immaginare. Ergo, prima di sapere scrivere e leggere, avremmo dovuto imparare a pensare, ad ascoltare e a vedere.

E per avere un dato più rispondente alla realtà, dovremmo chiedere a quel miliardo e cinquecento milioni di denutriti, se il mondo in cui oggi viviamo è meglio di quello passato.

Dovremmo chiederlo a tutti i civili iracheni, libici, afgani, siriani e di tutte le guerre moderne, dilaniati dalle bombe intelligenti, dall'uranio impoverito, dal fosforo e armi batteriologiche -Dovremmo chiederlo a tutte quelle persone sacrificate sull'altare del progresso, devastate dall'amianto, dalla diossina, dai pesticidi, diserbanti, metalli pesanti e affini e, da un inquinamento endemico, che miete sistematicamente sempre più nuove vittime.Lo dovremmo chiedere ai bambini abusati, seviziati e mercificati in tutto il mondo, ai corpi senza un nome, espiantati dei loro organi.Potremmo chiederlo alle vittime di Chernobyl e ai loro familiari, ai morti per droga, per incidenti stradali; ai morti sul lavoro, ai clandestini in fondo al mare -Dovremmo chiederlo agli ebrei dei forni crematori, ai giapponesi di Hiroschima e Nagasaki e a tutte le vittime dell'industria bellica, dell'industria chimica, dell'industria della menzogna.

Se il mondo in cui oggi viviamo è meglio di quello passato, dovremmo chiederlo all'acqua, all'aria, agli alberi e agli uccelli, alla notte, al silenzio, alla compassione, alla felicità e alla bellezza. Chiederlo alla speranza e alla solidarietà. Dovremmo chiederlo al nostro cuore, ma che da tempo non risponde.

IL VALORE SUPREMO DELLA DIVERSITÀ

Le vere tragedie dell'umanità, si sono concentrate e consumate in questi ultimi cento anni di storia del mondo: prima e seconda guerra mondiale, nazismo, bomba atomica, catastrofe ambientale, biotecnologie, deriva etica e morale e, la più devastante (che incorpora al suo interno tutte le altre), il Relativismo Liberista. L'orrore di tutto questo, non si rifà solo alla conta delle vittime sul campo, ma alle modalità, agli scopi e alle finalità, che le hanno prodotte, nonché alla velocità e livello di crudeltà in cui si sono susseguite. Uno sterminio perpetrato contro la diversità e le sue ragioni. Un olocausto dello spirito e della speranza, che sulla paura ha edificato il suo potere perverso, e resa inutile, improduttiva e illogica, la nostra esistenza sul pianeta.

Oggi, ricchezza e qualità della vita di un paese, non sono dipendenti dal numero dei laureati, bensì, dal numero di individui che decidono di occuparsi di ambiente, artigianato, agricoltura biologica, tradizioni e cultura e, in una parola sola, di "diversità".

Il lavoro della terra è pulito, gratificante e liberatorio - concilia l'uomo con la natura alimentando la sua fede in Dio - trasforma fatica in passione, creatività in gioia e rende fluido e costante quell'impianto etico connaturato regolatore e dispensatore di equilibrio, armonia e sentimento di solidarietà.

Tutto questo si traduce in un naturale timore riverenziale verso il Supremo, dando senso alla nostra esistenza.

La natura, della quale siamo umili servitori, esige da noi tutti un totale rispetto, e solo attraverso interventi blandi, dolci, correttivi e mai invasivi, ci è permesso di interagire con Lei.

Ogni uomo, per testamento divino, ha diritto a un ricovero, ad un pezzo di terra e l'accesso all'acqua.

Pertanto, chi perde il lavoro senza potere essere reintegrato, si può e si deve appellare al diritto di nascita, affinché gli vengano restituite e ripristinate le condizioni per una sopravvivenza dignitosa.

Banchieri, uomini della finanza, imprenditori e faccendieri, che oggi rappresentano la parte più marcia della società, si pongono a paradigma di quel cancro in metastasi che ha intaccato e compromesso i gangli vitali delle moderne democrazie occidentali, soffocandone ogni barlume di civiltà. Il loro potere è assoluto e impermeabile ad ogni interferenza esterna e giudizio critico.

In questo modo condizionano il potere legislativo, attraverso la corruzione, l'intimidazione e il ricatto - decidono i programmi televisivi che reputano più congeniali alla commercializzazione della loro sporca mercanzia; manipolano le notizie trasfigurando, in virtuosi, i criminali e gettando un ombra di sospetto sulle vittime. Si alimentano di contraffazione e di mistificazione, agendo sui lati peggiori degli individui e trasfigurando la menzogna in una lecita e moderna pratica relazionale.

Dobbiamo usare la nostra testa, se intendiamo onorare la verità, a costo dell'impopolarità, e di dovere rinunciare a tutto ciò che, fino a oggi, abbiamo ritenuto plausibile, per analizzare a fondo le circostanze, senza prendere per oro colato ogni minchioneria che il Sistema ci spaccia per buona e improntata al nostro bene. Chi, oggi, può ancora credere nella bontà di un Sistema che ci ha prosciugato da ogni barlume di felicità e di speranza?

Questa banda di vampiri, ci ha spremuto, ci spreme, e continuerà a spremerci come dei limoni, fino a quando l'ultima goccia del nostro sangue, sarà stata risucchiata dalla loro arsura di potere e di denaro.

L'uomo di quest' epoca bastarda, non è che la ripetizione in serie di una eccezionale stupidità, assunta a regola comportamentale. É sempre più simile, a quell'infinita serie di tecnologie, ludiche e infantili, con le quali, in forma psicotica, si rapporta con allarmante quotidianità, alimentandone dipendenza, tossicità e spirito di emulazione.

Non c'è cosa più disumana nella vita, che doversi alzare all'alba (che piova o tiri vento), per andare a lavorare in fabbrica, alla catena di montaggio, sotto padrone, ad un salario da fame.

Un uomo, costretto a lavorare otto ore ogni santo giorno per quarant'anni della sua vita, dentro una fabbrica malsana, caotica e assordante, per miserabili 1000 euro al mese, non solo è un irresponsabile ma (senza il dubbio di essere smentito), uno schiavo.

Questo, vale anche per le otto ore svendute di fronte ad un computer, o alla guida di un Tir, o alla cassa di un supermercato. Questa non è la vita, o estrema condizione di sopravvivenza, ma mero stato vegetativo.

Ed è un bel dire poi, volere risparmiare, quando al risparmio corrisponde in tempo reale un aumento automatico delle tariffe energetiche e di tutto il resto. Loro, i parassiti al potere, i bilanci li fanno sempre quadrare, e non hanno alcuna intenzione di rinunciare a nulla, che siano case di lusso, fuoriserie, puttane, cocaina, vizi e perversioni di ogni genere e tipo.

Il loro impegno quotidiano, è incentrato a consolidare ogni privilegio e al rastrellamento di denaro pubblico, comodamente stravaccati nei sontuosi salotti del crimine legalizzato.

Ergo, quale stupido può ancora credere che sia la fame di pane a ricompattare le masse occidentali consumiste e accendere rivolte e sommosse contro il Sistema Bestia che, giorno dopo giorno, ha vampirizzato le nostre vite e oscurato il futuro dei nostri figli? Non è forse più plausibile e drammaticamente reale, pensare (visto il livello di omologazione e di dipendenza), che l'inevitabile e imminente ribellione sociale sarà scandita al grido di: "Prendeteci tutto - ma non il cellulare, ridateci le fabbriche - non fateci zappare"?.

Oggi tutto è anacronistico, fuori luogo, equiparabile e relativizzabile. Per tanto, il "pane" della modernità (lontano dall'essere assunto a parametro di riferimento e di comparazione dei nostri bisogni essenziali), non ha più valore di un abbonamento a Sky, di un derby calcistico, di una crema anti rughe, di una ricarica telefonica, di un reality, di un condizionatore, o di un aperitivo al bar.

Ogni cosa che rotea in questo grottesco Luna Park delle illusioni (un paese dei balocchi progettato da Satana in persona), è l'esatto contrario di come dovrebbe essere. E così; il pane non è più il pane, e il vino, un intruglio chimico dagli effetti inquietanti. Ogni cosa è un'altra cosa, manipolata, filtrata e contraffatta dall'ingegnosa opera di multinazionali criminali che, per facilità di applicazione e mero profitto, hanno anteposto l'immagine al contenuto, e la licenza alla libertà. Niente, oggi, ha più sapore, odore, calore e colore!! Tutto è piatto e neutro, come il grafico delle nostre emozioni e della nostra conoscenza delle cose. Nessun atto d'amore è contemplato nel Mercato del Grande Malfattore, ma solo brama di ricchezza e di potere, volti alla soddisfazione di vizio e perversione.

Quale crescita é possibile, dunque, in un mondo bloccato, saturo fino alla nausea di ogni più insulso bene, e di fatto più propenso a vomitare, rigurgitare, ad espellere, per liberarsi di tutta quella montagna di falsi bisogni che hanno trasformato la nostra quotidianità in un inferno di solitudine e di paranoia?

È finita! Non ci sarà mai nessuna ripresa, crescita e alcuno sviluppo - né oggi né domani. Di contro può crescere la disperazione, l'inquinamento, scorie e rifiuti tossici, l'illegalità e la violenza – possono crescere i patrimoni dei soliti noti e la loro ingordigia, mentre parallelamente la qualità della nostra vita, decresce fino ad azzerarsi.

La rabbia dei giovani, che presto esploderà in tutta la sua potenza e violenza, non sarà dunque relativa alla richiesta dei beni essenziali, ma volta alla soddisfazione di dipendenze e debolezze croniche. Un caso unico per eccezionalità nella storia dell'uomo ma un classico del relativismo, dove ogni cosa è lecita e, le attenuanti soggettive, sono sdoganate come supremo atto di libertà.

In un tale mondo, non c'è posto per la giustizia e la libertà poiché, entrambi, possono solo germogliare al sole di quelle società, epurate da ogni potere.

"Il lavoro industriale non paga, contamina l'ambiente, annulla l'individuo, deprime ogni sua aspirazione e passione, fino a ridurre la sua esistenza a luogo di espiazione, e in supina accettazione di una condizione innaturale dove è degradato ad ingranaggio, funzionale solo ai ritmi produttivi e ai profitti del Sistema Padrone - E quel che è peggio, ci imbruttisce e ci incattivisce, rendendoci refrattari ai bisogni degli altri e sempre più vulnerabili al dolore e alla malattia"

È giunto il momento di dire basta! È da almeno un secolo che ci stanno prendendo per il culo, spacciando per progresso e civiltà quell'orrore nel quale hanno trasformato il pianeta terra e la nostra vita!! Non c'è alcun progresso, né il ben che minimo barlume di civiltà, ma solo un diabolico progetto di schiavitù perpetrato in nome del Dio Denaro e del mero Potere. Un perverso e colossale imbroglio che non ha precedenti nella storia del mondo, e che, oggi, ancora più di ieri, persiste nell'affermare la sua indole necrofila, attraverso il suo piano di distruzione sistematica di ogni forma di vita, umana, animale e vegetale. Di contro, noi, siamo costretti ad attenerci al rispetto di leggi dall'intento estorsivo e di norme, regole e sanzioni repressive promulgate e architettate ad hoc, al solo scopo di rastrellare denaro fresco alla comunità e ingrassare le sporche viscere dei nostri carnefici. Lo stesso meccanismo, è oggi adottato con entusiasmo da tutte quelle associazioni, organizzazioni umanitarie e caritatevoli, che nel nome della ricerca e della prevenzione, fanno "man bassa" degli ultimi spiccioli rimasti nelle tasche dei cittadini, facendo leva e speculando sulle debolezze di alcuni, sulle speranze di molti, e sulla sporca coscienza e sensi di colpa di altri.
Sono oramai decenni che la medicina oncologica specula sulla buona fede della gente, con la falsa promessa di un'ipotetica cura contro il cancro. Hanno ammantato questa subdola patologia di un'ombra di terrore, sapendo a priori, che solo agendo sulla paura, si ottengono risultati sorprendenti, e soldi freschi. Ed è proprio dall'immenso bacino

della paura indotta, che il Sistema attinge le ragioni del suo potere perverso. Per questi elementari e semplici motivi, nessuno di questi moderni alchimisti (imbarbariti dal vizio potere e del profitto), avrà mai l'interesse a confessarne l'inutilità, l'incongruità e la pericolosità dei loro fantasiosi rimedi e cure.

Definire l'attuale condizione umana, il risultato del progresso, è dunque una bestialità, una fottuta menzogna ripetuta così tante volte, da essere sdoganata per buona. Una diabolica opera di omologazione "culturale" che ha ingannato anche le menti più raffinate e profonde, e i cuori più fedeli e puri. Una sorta di maledizione globale che ha avuto inizio con quella "cosa" chiamata "rivoluzione industriale", ma che più propriamente io, definisco una degenerazione della coscienza, e che nel nazi-fascismo ha espresso tutta la sua potenzialità distruttiva, maligna, più evidente.

Oggi, le sue metastasi mascherate da progresso, si stanno riproducendo all'infinito, seducenti, invitanti e silenziose, consacrando quel progetto delirante e subdolo, al quale si è dato il nome di "liberismo".

Ma il liberismo non è ancora l'ultimo atto della tragedia post-industriale! Il bello deve ancora venire quando, presto, muterà (già se ne vedono gli effetti) in relativismo reale. La catastrofe che innescherà, farà apparire acqua fresca l'opera di sterminio (la soluzione finale) architettata dal nazional/socialismo.

Per progresso, diversamente, si intende il conseguimento di risultati sempre più vicini ai reali bisogni dell'essere umano, dispensatori di felicità e di armonia - La montagna di merda che oggi sommerge le nostre società (per brevità chiamate civili), è l'insindacabile prova del nove di quell'opera di contraffazione, di violazione e di mistificazione, che il Sistema Bestia attua allo scopo di renderci inoffensivi e dipendenti dalle sue logiche.

Mai, come di questi tempi, è facile vedere come l'ignoranza omologata, omologante e la pratica relazionale della menzogna, abbiano contagiato migliaia di individui nel mondo (occidentale in primis) e in forma così virulenta.

Viviamo nell'illusione indotta di ritenerci liberi quando, di fatto, siamo relegati all'interno di un oceanico campo di concentramento che, alle recinzioni ad alta tensione, ha sostituito il plagio mediatico, la dipendenza da bisogni effimeri, l'uniformazione delle coscienze, e una globale deresponsabilizzazione. Non siamo che le inconsapevoli cavie di laboratorio di un progetto di sperimentazione di stampo nazista di dimensioni planetarie, che terminerà con "LA SOLUZIONE FINALE .

Uno sterminio scientificamente programmato, che rientra in un piano di sfruttamento integrale delle energie e degli uomini, asserviti in ragione della loro (presunta) inferiorità e inutilità. Una buona parte di loro, sono vittime innocenti e ignare del Sistema Bestia, perché smarriti e incapaci di contrastare una tale opera di condizionamento e di manipolazione. Altrettanti, all'opposto, sono complici diretti, mercenari al soldo, che ne sposano le logiche, per interesse particolare, ottusità e smania di potere.

Basterebbe solo il dato impressionante relativo alla contaminazione delle acque, per fare decadere ogni concetto di progresso, di società, di civiltà, di intelligenza, di giustizia, di libertà e di umanità". Oggi, tutta la catena alimentare, è totalmente compromessa da un'infinita lista di sostanze chimiche tossiche cancerogene, prodotte in forma parossistica da altrettante fabbriche fumanti che, a fronte di profitto, disperdono sul territorio e nelle acque il loro carico di morte, con la facilità di chi ottempera ad un diritto. Abbiamo l'inderogabile obbligo e dovere, di consegnare ai nostri figli e nipoti, acqua e aria pura - un habitat liberato da ogni intrusione chimica, un solido impianto etico, un autentico significato di bene comune e, più in generale, il diritto a una qualità di vita sostenibile rispettosa della Madre Natura, delle sue regole ineludibili e in armonia con tutte le forme di vita.

Ci stanno attaccando su tutti i fronti! Per questi bastardi al potere, non é più sufficiente bombardare la nostra salute, contaminando il territorio, le acque, l'aria, e il cibo, ma da una decina di anni lo fanno "dall'alto dei cieli", irrorandoci in maniera sempre più frequente con le scie chimiche.

Quei pochi coraggiosi scienziati che si sono presi la briga di analizzare la composizione delle scie, hanno accertato la presenza delle seguenti sostanze: alluminio, bario, quarzo, cobalto, manganese, silicio, torio, arsenico, piombo, mercurio, uranio, zinco, stronzio, rame, selenio, titanio, fosforo, litio, zolfo, calcio, dibromuro di etilene (pesticida messo al bando in quanto considerato cancerogeno), cloruro di acelticolina, batteri pseudomonas aeruginosa, batteri pseudomonas fluorescens, batteri serratia marcescens, streptomiceti, virus, retrovirus, batteri, micoplasmi, funghi, spore, muffe, parassiti nematodi (ovvero vermi), globuli di sangue essiccato, sostanze sedative, fibre, polimeri.

Tutta questa "merda infetta", non è, che l'ultimo atto di un piano di sterminio di massa architettato a tavolino dai vertici della piramide del potere, al fine di renderci inoffensivi e schiavi per il resto della nostra vita.

La nostra priorità, non é dunque la crescita, l'occupazione, la politica, la finanza, o altre amenità del genere, ma di organizzarci tutti insieme, uniti e armati, per mettere fine, attraverso una vendetta senza sconti, allo strapotere stragista di questi figli di puttana, bastardi e cornuti.

"L'orto è una grande metafora della vita spirituale", scrive Bianchi Enzo nel suo libro "Il pane di ieri". E continua, "anche la nostra vita interiore abbisogna di essere coltivata e lavorata, richiede semine, irrigazioni, cure continue e necessita di essere protetta, difesa da intromissioni indebite. L'orto, come lo spazio interiore della nostra vita, è luogo di lavoro e di delizia, luogo di semina e di raccolto, luogo di attesa e di soddisfazione. Solo così, nell'attesa paziente e operosa, nella custodia attenta, potrà dare frutti a suo tempo."

Oggi nessuno sa zappare, seminare, raccogliere, accendere un fuoco, cacciare, riconoscere le piante e le loro proprietà. Nessuno sa interpretare i segnali provenienti dalla natura. L'uomo moderno è privo di ogni tipo di intraprendenza e non è assolutamente in grado di potersi adattare ad avvenimenti catastrofici di portata planetaria. Tutto quello che rimane, siamo noi certi che sia cultura? Certo che no!!! Solo arido, meccanico apprendimento, fine a se stesso - pensieri geneticamente modificati (PGM) da un meccanismo di contraffazione e da un'opera di mistificazione che, in questo modo, li ha resi sterili e quindi improduttivi.

La vera cultura, all'opposto, è un manuale di sopravvivenza, pratica, morale e spirituale che, nell'indipendenza, autonomia e nell'autosufficienza, conforta le ragioni dell'esistere e della libertà di scelta.

Per tutti questi motivi, l'uomo monco di questo secolo nefasto, soccomberà, schiacciato dal peso della sua ottusità, ignoranza e stupidità, mettendo così fine alla sua apparizione sul pianeta terra.

Il valore supremo e vivificante della "diversità", (che è l'essenza stessa delle ragioni, della vita) è stato, di fatto, soppiantato e soppresso da un'opera di omologazione mentale che non trova precedenti nella storia dell'umanità. Non rendersi conto di questa realtà sostanziale e lapalissiana, (che ci uniforma in una sorta di appiattimento verso il basso, alle tendenze dominanti, propagandate e sdoganate, come opportune, dal Sistema Relativista) la dice lunga sullo stato di narcolessia prodotto negli individui.

Siamo, tutti quanti, l'effetto di un esperimento perverso di clonazione di massa e di lavaggio del cervello, risultato di una speciale e inedita forma di schiavitù che, per un assurdo contrasto logico, ci porta a ritenerci liberi. L'omologazione dei comportamenti e dei modi, in un unico pensiero dominante, tende a raggruppare tutte le identità, in una sola, rendendo superflue, nulle e dissonanti, tutte le altre.

Un tempo, la diversità, era Regina di creatività, di tradizione, di storia, di cultura, di immaginazione e di sapere e, ogni essere umano, rappresentava, per unicità, una delle infinite tessere che andavano a comporre l'immagine trascendente di quell'immenso e misterioso puzzle, icona del mistero infinito.

I fabbri del passato, per capirci, modellavano e personalizzavano i loro strumenti di lavoro (tenaglie, pinze, martelli, incudini, ecc.) secondo le loro necessità, la capacità tecnica, la forza e la corporatura. Il prodotto della loro fatica, era unico, benedetto e irrepetibile.

Sarti, calzolai, tessitori, tintori, muratori, pittori e scultori, fino al più stupido garzone di bottega, erano gli artefici di quel mondo magico e profumato che risplendeva di diversità e dissetava i bisogni dell'anima.

Cosa è rimasto, oggi, di quel mondo che, con perfetto sincronismo, scandiva le pulsioni e le ragioni di ogni cuore, sospinto dall'armonia danzante dello spirito divino?

La vita degli individui, oggi, non ha più alcun valore. Il loro livello di comprensione, di soluzione, la capacità mnemonica e organizzativa, sono tutte variabili, infinitamente al di sotto, delle normali funzioni delle macchine. Quest'uomo, così com'è, non serve più a nulla. Non è di alcuna utilità, né a questo mondo, né a se stesso. Roba da rottamare!

Queste, sono le vere ragioni che hanno innescato il processo (ormai alla fine), di omologazione globale, che ci porterà dritti verso l'estinzione dell'umanità.

La mia non è una tesi pessimista o un'ipotesi catastrofista, ma la proiezione logica, consapevole e scientifica della somma di dati incontrovertibili e inconfutabili.

Se oggi non siamo i grado di percepire il mondo, al di fuori delle nostre esperienze personali, liberandoci da filtri e pregiudizi che ci precludono una analisi oggettiva e disincantata del nostro presente e, più in generale, il significato stesso della vita, non potremo mai misurarci ad armi pari con le forze del male, né intravedere l'ombra di un futuro.

PRODURSI IL CIBO UN ATTO CRIMINALE

(Come la Tecnocrazia intende affamare il popolo)

Quando ti tolgono il lavoro e ti ammazzano di tasse, l'ultima speranza rimane quella di tornare alla terra per auto produrre il sostentamento necessario alla vita di tutti i giorni. Tanto è vero che la fortissima crisi economica ha favorito la nascita di migliaia di nuovi agricoltori, anche in Italia, ognuno con il proprio orticello. Ma ecco arrivare la proposta di legge UE – totalmente folle – che vuole mettere al bando i piccoli orti e vietare l'autoproduzione di cibo. A questo punto, e se dovesse andare in porto, cosa resterà se non la rivolta sociale contro il regime tecnocratico?

Il mio pensiero è che vogliono schiavizzare anche la "minoranza consapevole", coloro, che stanno provando a vivere fuori dal Sistema il più possibile, coltivando il proprio cibo. Dopo aver limitato la sovranità personale, quella finanziaria, ora, tentano con quella alimentare. Ci vogliono tutti automi, malaticci, dipendenti dai cibi industriali senza energia, per reclamare ciò che per diritto ci appartiene. Forse anche le scie chimiche hanno la stessa funzione, ci oscurano il sole, il Prana, altra fonte potente di nutrimento.

Una nuova legge proposta dalla Commissione Europea renderebbe illegale "coltivare, riprodurre o commerciare" i semi di ortaggi che non sono stati "analizzati, approvati e accettati" da una nuova burocrazia europea, denominata "Agenzia delle Varietà Vegetali europee". Si chiama "Plant Reproductive Material Law" e tenta di far gestire al governo la regolamentazione di quasi tutte le piante e dei semi.

Se un contadino della domenica coltiverà nel suo giardino piante con semi non regolamentari, in base a questa legge, potrebbe essere condannato come criminale.

Questa legge protesta, intende stroncare i produttori di varietà regionali, i coltivatori biologici e gli agricoltori che operano su piccola scala. "Come qualcuno potrà sospettare questa mossa è la "soluzione finale" della Monsanto, della DuPont e delle altre multinazionali dei semi che, da sempre, hanno tra i loro obiettivi il dominio completo di tutti i semi e di tutte le coltivazioni sul pianeta".

Criminalizzando i piccoli coltivatori di verdure, qualificandoli come potenziali malfattori, i burocrati europei possono finalmente consegnare il pieno controllo della catena alimentare nelle mani di corporazioni potenti come la Monsanto. I piccoli coltivatori hanno esigenze molto diverse dalle multinazionali; per esempio, coltivano senza usare macchine e non vogliono utilizzare spray chimici potenti, per cui non c'è modo di registrare quali siano le varietà adatte per un piccolo campo, perché non rispondono ai severi criteri della "Plant Variety Agency", che si occupa solo dell'approvazione dei tipi di sementi che utilizzano gli agricoltori industriali. In pratica, d'ora in poi, tutte le piante, i semi, gli ortaggi e i giardinieri dovranno essere registrati.

Tutti i governi sono, ovviamente, entusiasti dell'idea di registrare tutto e tutti. Tanto più che i piccoli coltivatori dovranno per la burocrazia europea anche pagare una tassa per registrare i semi. Gestione delle richieste, esami formali, analisi tecniche, controlli, denominazioni delle varietà: tutte le spese saranno addebitate ai micro-produttori, di fatto scoraggiandoli.

Un tecno-governo impazzito!!! Questo è un esempio di burocrazia fuori controllo. Tutto quello che produce questa legge, è la creazione di una nuova serie di funzionari dell'Ue, pagati per spostare montagne di carte ogni giorno, mentre la stessa legge sta uccidendo la coltura da sementi prodotte da agricoltori nei loro piccoli appezzamenti e interferisce con il loro diritto di contadini a coltivare ciò che vogliono. Inoltre, è molto preoccupante che si siano dati poteri per regolamentarne le licenze per tutte le specie di piante e per sempre – non solo di piante dell'orto, ma anche di erbe, muschi, fiori, qualsiasi cosa – senza la necessità di sottoporre queste rigide restrizioni al voto del Consiglio.

Come sempre, il diavolo si nasconde nei dettagli. Il problema di questa legge è sempre stato il sottotitolo, che dice un sacco di balle, come sul mantenimento della biodiversità e sulla semplificazione della legislazione, come se il nuovo dispositivo rendesse finalmente le cose più facili, ma negli articoli della legge c'è scritto tutto il contrario. Esempio dove si spiega come "semplificare" le procedure per le varietà amatoriali, non si fa nessun accenno alle accurate classificazioni già elaborate dal Defra, il dipartimento britannico per l'agricoltura impegnato a preservare le varietà amatoriali. Di fatto, la maggior parte delle sementi tradizionali saranno fuorilegge, ai sensi della nuova normativa comunitaria. Questo significa che l'abitudine di conservare i semi di un raccolto per la successiva semina – pietra miliare per una vita sostenibile – diventerà un atto criminale. Inoltre, questa legge uccide completamente qualsiasi sviluppo degli orti nel giardino di casa in tutta la comunità europea, avvantaggiando così i grandi monopoli sementieri.

È quello che stanno facendo i governi, prendendone il controllo (un settore alla volta, anno dopo anno), fino a non lasciare più nessuna libertà, al punto di ridurre le popolazioni alla schiavitù in un regime dittatoriale globale.

Si avvera così la "profezia" formulata da Adams nel libro "Freedom Chronicles 2026" (gratuito, scaricabile online), nel quale un "contrabbandiere di semi" vive in un tempo in cui le sementi sono ormai divenute illegali e c'è gente che, per lavoro, ne fa contrabbando, aggirando le leggi orwelliane imposte della Monsanto. L'incubo pare destinato a trasformarsi in realtà: «I semi stanno per diventare prodotti di contrabbando», afferma Mike Adams. «Chiunque voglia prodursi il proprio cibo sta per essere considerato un criminale». Questo, conclude Adams, è il dominio totale sulla catena alimentare. «Tutti i governi cercano un controllo totale sulla vita dei cittadini». Per questo, oggi «cospirano con le multinazionali come la Monsanto», ben decisi a confiscare la libertà più elementare, cioè il diritto all'alimentazione. «Non vogliono che nessun individuo sia più in grado di coltivare il proprio cibo». (Con l'ausilio della Rete)

UN'ESPONENZIALE CRESCITA DELLA STUPIDITÀ

Quando la moderna conoscenza scientifica, mi dimostrerà di sapere produrre una sola cosa di tutto questo infernale Luna Park tecnologico dell'orrore, che non danneggi l'ambiente, la qualità della vita, e sia priva di ogni controindicazione ed effetto collaterale, allora, e solo allora, ci sarà consentito parlare di progresso e di civiltà, nel loro più corretto significato etimologico.

Crescere, avendo come unico scopo la crescita, è l'ideologia delle cellule del cancro.

Il Liberismo, ha radicalizzato a tal punto le sue degenerazioni sul territorio, da avere reso impraticabile ogni differenziazione e interdipendenza di merito, fra la politica, l'imprenditoria e la criminalità organizzata. Una società a delinquere, compatta, coesa e omertosa, frutto di un sincretismo perverso finalizzato alla conquista di ogni potere - una convergenza mafiosa di interessi particolari, privilegi e di impunità, impermeabile a qualsiasi interferenza esterna che, in qualche modo, possa minarne e destabilizzarne l'organizzazione. Per tale motivo, pensare di poter sovvertire lo stato attuale delle cose con un'azione democratica, è una pia illusione.

Si è resa così necessaria un'azione di forza, che in virtù di rivolta di popolo, armata e giustizialista, ponga fine allo strapotere della "dittatura tecnocratica" del Liberismo Liberticida Mediatico Relativista.

Definire dunque il Liberismo, un modello socio/economico, portatore di benessere e civiltà, è una mostruosa menzogna. Il Liberismo, in verità, è un cancro maligno che si alimenta sottraendo alla società, all'ambiente e alla terra, ogni risorsa, fino al suo azzeramento. Quando a breve il Sistema, non avrà più nulla di che nutrirsi, stramazzerà al suolo morente dentro un boato sordo, travolgendo con se ogni cosa e ogni vita. Quei pochi sopravvissuti, che per motivi di opportunità si erano in precedenza sganciati dalle dipendenze del Sistema, rendendosi autonomi, potranno in seguito godere, di un sorprendente e straordinario silenzio, che mai, prima di allora, avevano ascoltato: l'alba di una nuova rinascita.

L'individuo ipertecnologico liberista, è dunque il risultato di una perversa operazione di lavaggio mentale. La maggior parte del suo cervello, che per milioni di anni gli ha consentito di sopravvivere, di adattarsi e produrre vera conoscenza, non solo è rimasta inattiva, ma nella gran parte degli individui occidentali (nuove generazioni in particolare), è totalmente assente.

Le aberrazioni del capital/liberismo, hanno prodotto talmente tanti danni all'individuo, all'ambiente, e all'eco/sistema tutto, da avere reso vano ogni altro presunto vantaggio.

Se per assurdo dovessimo stimare i costi, relativi alla bonifica di tutti i territori e delle acque del pianeta disastrati dall'inquinamento, dalla contaminazione, e dalla dispersione di scorie rifiuti tossici, non basterebbe tutto l'oro del mondo e 100 anni di lavoro.

Da un tale stato di cose, si può uscire solo a patto che si sospenda, oggi stesso, ogni tipo di produzione industriale, in un'opera di riconversione radicale e pragmatica, che riporti l'uomo alle sue origini e primigenie ragioni.

LA PAURA - LA PIÙ POTENTE ARMA DI CONTROLLO DI MASSA IN USO AL SISTEMA POTERE

L'effetto più crudele che la società dei consumi ha prodotto sugli individui, e che più di ogni altra cosa ne condiziona le scelte, si identifica in un disagio psichico invalidante e costante, che compromette ogni forma di felicità, passione e sentimento di solidarietà. L'origine di questo stato mentale, si colloca in quella dimensione di "grande paura" architettata ad arte dal "Sistema Potere", in virtù della quale è possibile influenzare e suggestionare i comportamenti individuali, omologandoli agli interessi particolari e più nefandi del sistema stesso.

L'uomo moderno è schiacciato da un generico senso di paura, che abbraccia i diversi aspetti della vita: la paura relativa alla perdita del lavoro, o della dignità, quindi la paura di non riuscire a provvedere con continuità a tutto ciò che il proprio status impone, la paura di non avere una casa, la paura di non avere degli affetti stabili, ecc. (l'elenco è certamente molto lungo). Tutto ciò costringe alla rinuncia di ogni individualità e identità, entro un appiattimento di comportamenti e pensieri condivisi per assuefazione, emulazione, deresponsabilizzazione, e infine come male minore.

Questa eccezionale forma di omologazione dettata dalla paura, costringe gli individui ad adeguarsi a una "sottocultura" dominante e monolitica, che non concede possibilità di slanci personalistici e che castra di fatto ogni impulso liberatorio e rivoluzionario. Disperazione e solitudine regnano allora sovrane nelle anime degli uomini, che contrariamente a quanto si potrebbe pensare, aspirano all'immortalità.

La paura di essere additati come "diversi", fa precipitare gli individui in uno stato di angoscia persistente, che solo un rientro nella rassicurante omologazione, può attenuare. Questo è lo spaccato delle nostre moderne società progredite, che per questi motivi, non sono in grado di avere aspirazioni, personalizzazioni e cambiamenti radicali. L'uso politico della paura, brandita come arma, attraverso l'opera di mistificazione della verità e di contraffazione della realtà, si prefigge lo scopo di allertare e dissuadere la gente da scelte personali, incompatibili con le strategie perverse del potere.

La paura indotta dall'incertezza economica, dalla precarietà del lavoro, dall'assenza di futuro, e ancora, la paura del diverso, sono tutte moderne e giustificate forme patologiche di paura, indotte da una condizione sociale e ambientale, già oltre i ragionevoli limiti della comprensione. Tutte quante insieme, queste forme di paura sono l'estensione di quel primario disagio esistenziale che si identifica nella paura della morte. Un tale stato di cose, non è che il risultato dell'assenza di spiritualità, congiunta alla perdita di autonomia, di autosufficienza e di indipendenza culturale; e più in generale, di quella autentica libertà che è in grado di trasformare una società devastata dalla barbarie, in una società civile.

Abbiamo mercificato le nostre originarie responsabilità individuali, in cambio di subdole dipendenze, effimere vanità e quotidiane trasgressioni. Ci hanno spacciato licenziosità e sfrenatezza per libertà, e omologazione per benessere. E tutto questo si è tradotto in paura, incertezza e frustrazione. Il percorso che ci conduce alla liberazione è invece immacolato e ininterrotto, come l'acqua del fiume, che dalla sorgente scorre fluida e limpida dentro il proprio alveo, per poi sconfinare dentro l'immenso mare. Se però un grosso masso, frapponendosi al regolare scorrere dell'acqua, ne interrompesse il corso, il fiume esonderebbe, allagando e sommergendo il territorio circostante. Così, la paura, interviene nella nostra vita come un grosso masso, precludendoci gioie e speranze. Per questo, ogni comportamento umano che non sottostà a giusti principi, tende a produrre scorie mentali e detriti morali che vanno ad occludere, ostruire, le finissime trame di quel filtro che è la nostra coscienza. Mantenerlo pulito è quindi nostro compito.

Non esistono scorciatoie alternative, al sentiero luminoso della dignità umana! Ogni strategia risulta essere vana e ci allontana ulteriormente dalla felicità, dalla comprensione della vita. La paura, oggi, è il perno intorno al quale ruota la nostra esistenza, condizionando le nostre scelte, i rapporti umani, le emozioni e i sentimenti. La paura è l'origine principale della depressione, un tormento esistenziale che affonda le sue radici nella mancanza di autostima e di personale gratificazione. Le società moderne e consumiste sono permeate da questo disagio invalidante, che finisce con l'appiattire e omologare gli individui dentro una condizione di particolare subalternità, e in molti casi, di schiavitù verso il Sistema Potere, oggi, unico e solo parametro di riferimento.

I visi commuoventi di bambini senza pane e senza acqua, affetti dalle più diverse patologie da denutrizione e da mancanze igienico-sanitarie, sono anch'essi il prodotto di una filosofia che edulcora e sdrammatizza ogni avversità terrena, fino a farla accettare come necessaria. Noi occidentali, oberati da comodità invalidanti e concentrati a tempo pieno sui modelli di un'esteriorità effimera e voluttuaria, abbiamo tradito e snaturato i presupposti stessi dell'esistenza, precipitando dentro il buio della nostra stupidità e superficialità.

La paura coincide con la perdita della speranza e con l'impossibilità di intravedere un futuro. Questo perché, l'uomo tecnologico si è trasformato in un idolatra, in perpetua adorazione di un mondo che ha mitizzato vergogne, menzogne e infamia. Se non saremo in grado di recuperare tutti quei valori e principi etici, che abbiamo mercificato in cambio di vizio, perversione, indolenza e vanità, la Grande Paura avvolgerà definitivamente i nostri cuori, e in nessun'altra dimensione troveremo conforto ai morsi della nostra inettitudine morale.

Come possiamo imporre regole certe al mercato quando, lo stesso, per definizione, è l'atto costitutivo dell'illegalità e del profitto ad ogni costo e con ogni mezzo?

Come possiamo appellarci alla politica quando, la stessa, che avrebbe il compito e l'onere di ridurre le disparità fra le classi sociali, diversamente le acuisce?

Come possiamo credere in un Sistema, che guarda al risparmio dei cittadini e all'applicazione delle regole civili come ad una calamità?

Come possiamo sperare nell'intervento misericordioso della Chiesa cattolica che, proprio in virtù dei principi fondanti di equità, giustizia e libertà caratterizza la sua vocazione e missione, quando la stessa, spartisce con il potere, vizi, perversioni, privilegi e impunità?

Come possiamo, in fine, minimamente immaginare una rivolta di popolo che restituisca dignità e decoro a questo paese quando, gli stessi individui non sono in grado di rinunciare alla più effimera dipendenza e insulso privilegio, disertando, così, ogni più remoto barlume di solidarietà?

Per tutti questi motivi, "la disperazione più grande che possa impadronirsi di una società, è il dubbio che vivere onestamente sia inutile - una tale disperazione, avvolge questo paese da molto tempo." C.A.

A cosa servono le società, se il loro fine ultimo non è volto a perseguire lo stato di diritto, il bene comune, la qualità della vita dei cittadini e la loro felicità?

Il meccanismo che fa muovere e girare il Sistema in cui viviamo, che lo alimenta e lo ingrassa, opera esclusivamente in funzione degli interessi particolari di logge, cosche, caste, consorterie, corporazioni e l'hobby di potere e sull'onda di pulsioni e pruriti, vizi e perversioni a sfondo sessuale e generiche dipendenze da soddisfare in tempo reale.

Le società in quanto tali, nel loro più corretto significato etimologico e per lo scopo a cui erano destinate, non esistono più - sono fallite. Tutto è trasfigurato in una messinscena carnevalesca, commedia tragicomica, in torre di Babele, dove tutto è il contrario di tutto, essendo venuto meno e cancellato quell'impianto etico connaturato, che, da sempre, aveva il compito di regolare, monitorare e armonizzare i comportamenti umani, evitandone le degenerazioni e il caos sociale.

Le democrazie occidentali sono così marce e corrotte in ogni loro cellula, a tal punto, che se per assurdo si riuscisse ad imporre regole ferree e pene certe, lo stesso Sistema Economico Finanziario Globale imploderebbe in breve tempo, e il Sistema Potere affonderebbe definitivamente.

È questa la cruda e sconcertante realtà, risultato di un liberismo tiranno e senza regole, che attraverso un meccanismo perverso improntato al consumo sistematico di beni di nessuna qualità, durata, robustezza e valore, consolida il suo potere e guarda al risparmio dei cittadini come ad una sciagura planetaria.

Oggi siamo al punto culminante di questo processo morboso che non concede vie di scampo, né pragmatiche soluzioni atte non dico ad invertire, ma almeno a contenere la sua maligna virulenza, per limitarne in parte i danni.

Minimizzare e banalizzare l'attuale crisi, appellandosi irresponsabilmente a una difficoltà globale, con l'intento di giustificare i crimini e collusioni della Cricca al governo delle nazioni, è l'ennesima strategia di questa infausta Gang di politici al Potere, che ancora una volta riverseranno sulla comunità, oneri e sacrifici.

Cosi, le società, che erano nate e si erano sviluppate per andare incontro ai bisogni della gente, alle emergenze primarie delle fasce, più deboli ed emarginate, riducendo la forbice della disuguaglianza e della libertà fra i diversi strati sociali, le società, dicevo, hanno mutato la loro originaria ragione di mediazione e di arbitro "super partes", in quella di procacciatori d'affari, casseforti di profitti e di privilegi, di impunità e potere. Incancrenite e imbrigliate fra le nodosità di una burocrazia carceraria e da uno stile di vita parassitario, destinate (a breve) a soccombere di fronte all'invasione delle popolazioni di paesi più poveri; individui mobili, forti, volenterosi, sani, passionali e pronti a ogni tipo di difficoltà e di sacrificio.

Per meglio comprendere il perché di una tale situazione/condizione, dobbiamo immaginare il progetto liberista come una grande casa da gioco d'azzardo, dove tutta la ricchezza incamerata, è il frutto delle perdite dei giocatori clienti. A tutti gli effetti, una vera e propria associazione a delinquere di stampo mafioso, con l'aggravante che la stessa è regolamentata dalla medesima: lo stato.

Oggi, le società moderne operano per conto delle banche, assicurazioni, classe politica, al soldo dei grandi gruppi di potere che incassano tangenti, proporzionalmente alla loro capacità di saper vendere spazzatura (finanziaria o di altra natura) a una clientela classificabile esclusivamente sulla base del suo potere d'acquisto.

Oggi, diversamente da ieri, limoni da spremere in giro non ce ne sono quasi più!

La gente chiude i conti correnti, non compra azioni, evita ogni tipo di investimento e il listino di borsa si avvia al definitivo tracollo, condizionato dai titoli bancari. Il valore degli immobili, che in tempi normali cresceva in maniera inversamente proporzionale all'andamento negativo del MIB, oggi si allinea al crollo delle borse. Questo dato, la dice lunga e in maniera esplicita di quanto la situazione odierna sia drammatica e sul punto di esplodere.

Così le banche, a corto di liquidità e non potendo più attingere risorse dalla cittadinanza, si scannano fra loro in un gioco al massacro, tradendo quel patto di "non belligeranza" che, all'origine, avevano stipulato per estorcere denaro alla gente.

Salvare dunque le banche europee dal tracollo imminente, serve solo al Sistema Bestia e non ha nessun effetto benefico sulla comunità, ma limita semplicemente (e solo per il momento), l'inevitabile fallimento di tutti quei gruppi di potere che non sono più in condizione di onorare, di tenere testa, a tutte quelle spese pazze e miliardarie, che negli ultimi 30 anni hanno contraddistinto la natura maligna e criminale di questi vampiri del sangue dei nostri figli.

Un'idea talmente malsana questa, che non salverà né capre né cavoli, ma accelererà quel processo di necrosi che sta uccidendo, giorno dopo giorno la civiltà dei consumi. E grazie a Dio!

UNA SOCIETÀ COSTRUITA SULLA MENZOGNA

Nell'inferno dantesco, "I falsari di parola" (i bugiardi), sono fiaccati e arsi da una febbre altissima, paradigma di una degenerazione dello stato di coscienza che ha caratterizzato la loro esistenza. Questa operazione di contraffazione dell'Io, prolungata nel tempo e mai messa in discussione, si attesta in seguito, come carattere dominante del soggetto (tara mentale). La bugia condivisa poi, è molto in auge nell'ambito politico dove interi schieramenti, mentono compatti al fine di assicurarsi privilegi, impunità e potere. Il caso Ruby è un esempio su tutti!

Ma la storia parte da lontano o meglio, tutto ha inizio con l'avvento della TV commerciale e la pubblicità. Mentire, mistificare e contraffare, sono oggi i cardini intorno ai quali ruota la commercializzazione di prodotti e beni di infima qualità e deleteri per la salute, e che, diversamente, non avrebbero motivo di esistere e di essere acquistati. É dunque con la propaganda mediatica e l'avvento dello Sponsor che la menzogna inizia la sua escalation fino a divenire strumento di convincimento di massa e regola basilare nei rapporti inter/personali. Tutto questo chiaramente non si è auto/generato dal nulla ma in virtù dell'azione congiunta di una banda di imprenditori analfabeti, partoriti dagli umori maligni dell'Industrialesimo pagano, che in questo modo hanno trovato riscatto a quella condizione di emarginazione socio/culturale che da sempre aveva caratterizzato (a giusto titolo) la loro esistenza, relegandoli nei bassifondi dell'umanità.

Il nocciolo della questione, sta proprio in questa mia ultima considerazione che assegna a questi figuri (refrattari ad ogni regola e principio etico), l'origine di quel cancro che ha corrotto e devastato le società occidentali, intaccandone i gangli vitali e concorso alla nascita di una inedita cultura relativista.

Se un immaginario, quanto improbabile tribunale, competente e imparziale, si dovesse attenere a criteri di obiettività e di bene comune, per esprimere un giudizio veritiero conforme alla qualità dei prodotti pubblicizzati sui canali televisivi e loro slogan, c'è da credere che un buon 99% di questi, non supererebbe l'esame. Ma incredibilmente la farsa continua, imperturbabile e sempre più invasiva, declinando ogni responsabilità oggettiva sugli ignari consumatori, e sulla loro ipotetica, presunta, ma del resto inesistente, capacità di discernimento e quindi di scelta.

Questi soggetti, sono il prodotto di una sottocultura consumistica che nella potenzialità degli individui a rischio, trova terreno di coltura, per attuare il suo progetto di manipolazione mentale.Le menzognere promesse di successo, di facili guadagni, di eterna bellezza, unicità e immortalità, intervengono sulle menti deboli in forma destabilizzante, alterandone l'oggettività, l'imparzialità e la consapevolezza, per essere assunte, in seguito, a parametri assoluti di riferimento.

Valori morali e principi etici, vissuti come dei veri e propri ostacoli e incidenti di percorso (elementi dissonanti), sono stai rimossi e cancellati, per dare efficacia e sonorità alle lusinghe e agli inviti seducenti delle suadenti sirene del liberismo consumista. La forza di volontà poi che aveva la funzione, lo scopo e la potenza di produrre diversità e merito, è venuta meno, per trasfigurare in omologazione e supina accettazione; cause, a loro volta, di un martirio incompreso, risultato estremo di un autolesionismo indotto.

Oggi, la bugia, trionfa nelle società moderne e democratiche, come una nuova e rivoluzionaria, pratica relazionale. La pubblicità, mente in maniera sfacciata, e più mente, più vende. Allo stesso modo, la politica, così distante dalla realtà sociale, promette tutto ciò che non potrà mai e non vorrà mai mantenere. La menzogna paga e tutti mentono, in barba al buon senso, ad ogni principio etico e valore morale. " Affinare la menzogna affinché sembri una verità ".

La scienza mente, la Chiesa mente, il Capo del Governo mente. I padri mentono ai figli che, in seguito, predicheranno ai loro la menzogna ereditata. Tutti mentono a tutti, in una sorta di girone infernale e di torre di Babele, dove la verità, la somma eresia, è evitata come un virus mortale.

L'inquinamento dell'acqua, dell'aria, dell'ecosistema tutto, sono alcune delle infinite conseguenze prodotte dalla menzogna globale.

I Grandi Commercianti al potere delle nazioni hanno sdoganato l'impostura per vendere la loro sporca mercanzia a sempre più individui, relegando gli uomini intelligenti, sensibili e sinceri, in un angolo buio della società, al pari di pericolosi criminali e rivoluzionari sanguinari.

"Quando il mondo classico sarà esaurito, quando saranno morti tutti i contadini e tutti gli artigiani, quando non ci saranno più le lucciole, le api, le farfalle, quando l'industria avrà reso inarrestabile il ciclo della produzione, allora la nostra storia sarà finita" P.P. Pasolini (1962)

"Come diceva Paul Valéry, il diavolo diventa come Dio. Entrambi esistono, ma solo in noi e insieme formano una coppia inseparabile di divinità latenti. Come dire che la modernità lascia all'uomo la scelta tra bene e male. Tra resistere alle tentazioni del peccato o al contrario cedere deliberatamente cancellando così l'idea stessa di peccato. Una rivoluzione che finisce per fare del diavolo il simbolo della vittoria del piacere e della libertà"

Quell'abominio incommensurabile che oggi si sta consumando sulla terra, è il risultato di un ultimo efferato piano d'attacco, che il Male ha sferrato contro Dio, assoldando al suo scopo, tutti quegli uomini di potere, che Lui stesso ha scelto e selezionato sulla base della loro predisposizione a delinquere e a mentire. In questo modo, intende colpirlo al cuore, uccidendo i suoi figli e contaminando irreversibilmente il creato.

Tutto è oramai perduto! I rintocchi della campana della chiesa abbaziale di Melk, ci avvertono dell'imminente apocalisse, mentre gli uomini, indaffarati nel chiacchiericcio, e ripiegati sui i loro insani egoismi, sacrificano i loro figli all'Anticristo.

Il Liberismo Relativista è l'ultimo dei trasformismi del Male, sotto la cui maschera si cela Satana in persona. Con il Nazismo, si apre la strada al relativismo reale ad opera dei suoi seguaci.

Oggi, sconfiggere il male è pura utopia. Il Sistema Liberista Relativista, lo ha adottato come punta di diamante della sua strategia e, in seguito, commercializzato su scala planetaria.

In un passato non troppo lontano, il Maligno, trovava conforto alle sue perversioni, insinuandosi subdolamente nella mente degli uomini e seducendoli con vane promesse di perversa felicità. Oggi, è padrone del loro cuore. Non è una differenza da poco, ma direi che, in maniera netta, si pone come spartiacque fra il mondo contadino e la rivoluzione industriale, terreno di cultura del suo progetto mefistofelico. A un certo livello di malvagità e crudeltà poi corrispondono effetti, più o meno devastanti. Nell'Apocalisse, raggiungono il loro apice, coronando il progetto demoniaco e, nello sterminio di ogni forma umana e umanoide, consacrano la sua vittoria.

È pur vero che il Diavolo, in quanto personaggio allegorico, metaforico e icona, non esiste, ma in verità come entità maligna, necrofila, Lui è già dentro di noi, in tutte le cose, rappresentazioni e comportamenti.

Così, si è integrato in ogni settore della vita pubblica e privata, occupando le istituzioni, il parlamento, prolificando dentro la Chiesa cattolica, terreno di coltura dell'Anticristo. Si cela sotto le sembianze di banchiere, di parroco di provincia, di potente imprenditore, uomo di scienza, di finanza e seducente puttana al soldo del potere. Si manifesta in forma di scie chimiche, radiazioni cellulari, di bombe intelligenti, al fosforo, atomiche e batteriologiche – si occulta nelle merendine dei nostri figli, nei loro giochi, fin dentro i loro sogni, e in tutto ciò di cui ci alimentiamo e dissetiamo; scorre fra le acque di fiumi, mari e falde, sospeso nell'aria delle nostre città, come percolato nelle discariche, diossina negli inceneritori, fango nei depuratori, e mascherato da scorie, rifiuti e spazzatura disperso sul territorio.

Da sommo trasformista, assume le più svariate identità, travestito da doping, da amianto, elettromagnetismo, radiazione, diserbante, pesticida, fertilizzante, colorante, migliorativo, conservante, dolcificante, neonicotinoide, pcb, polvere sottile, monossido di carbonio, metallo pesante, microonda, e tutti quanti in fine, raggruppati sotto l'inquietante locuzione di "PROGRESSO TECNOLOGICO".È schiuma di shampoo, balsamo, detersivo sgrassante e detergente, polvere sbiancante, emolliente, candeggiante – è crema ristrutturante, rigenerante, tonificante e astringente – liquido frenante, lubrificante; è pillola blu, rossa, gialla, bianca e verde, capsula, farmaco, pastiglia, sciroppo, tintura e dentifricio: interagisce con i moderni mezzi di comunicazione, annullando negli individui ogni parametro di riferimento e di comparazione oggettiva, trasfigurando l'informazione in un'inedita torre di Babele, dove tutto è il contrario di tutto, e dove ogni verità è relativizzata da un soggettivismo in tempo reale, sull'onda dell'ultima notizia del momento. È dunque in cielo, in terra e in ogni luogo, onnisciente e onnipresente. Trasuda sangue dagli schermi piatti del nostro televisore al plasma, sponsor di punta di quel piano di distruzione globale che, da scaltro e furbo affabulatore di folle, aveva pianificato nei millenni, in attesa di quella insperata occasione, che l'uomo moderno, gli avrebbe servito un giorno su di un piatto d'argento.E adesso il Diavolo è qui con noi, dentro di noi, pronto a sferrare l'attacco finale al cuore della terra.

Avremmo dovuto rivolgere il nostro sguardo al cielo, sull'esempio delle grandi e illuminate civiltà del passato, e seguirne il cammino intrapreso, con la necessaria umiltà, deferenza e il dovuto timore.

"Quel giorno colonne di demoni si incamminarono sulla terra poiché qualcuno aveva aperto i sigilli..." da "Il Mattino dei Maghi"

Immaginare di potere sconfiggere, o solo contrastare la potenza di fuoco messa in campo dalle forze del Male, è pura utopia. Il Sistema Liberista Relativista, ne ha fatto il suo baluardo e punta di diamante della sua strategia e, in seguito, commercializzato su scala planetaria. Per tale motivo, ogni tentativo per localizzarlo e codificarlo risulta vano.

Solo dalle ceneri del Sistema Liberista Relativista, il disegno originario si potrà ricomporre.

Furbizia e impostura hanno soppiantato l'impianto etico, e sono state assimilate non solo come pratiche relazionali quotidiane, ma anche come strumento lecito, fondamentale e irrinunciabile per la sopravvivenza del Sistema di Satana.Non dimentichiamoci poi, che Il falso è un fondamentale del relativismo demoniaco e fratello gemello dell'ossimoro; i due, insieme, sono capaci di innescare tali catastrofi, da fare impallidire il nazismo.

La nostra realtà è la sconcertante proiezione di un incubo – una degenerazione morale etica e spirituale, unica nella storia dell'uomo, i cui risultati, sono sotto gli occhi del mondo: la catastrofe Eco/ambientale in primis.

Abbiamo definito libertà la licenza, e anteposto la furbizia all'intelligenza. Ad una speciale schiavitù (risultato del processo di omologazione), abbiamo dato il nome di democrazia e chiamato realtà, la contraffazione.La menzogna e la mistificazione dettano legge. La qualità è stata adulterata e contaminata, e l'eccezione, conformata e massificata. L'insicurezza, e una totale mancanza di autostima, sono l'inevitabile conseguenza della perdita dei necessari e oggettivi punti di riferimento che, un tempo, come spie luminose, monitoravano i flussi delle nostre emozioni e ne impedivano ogni forma di degenerazione.

Se l'uomo di questo secolo nefasto, non sarà dunque in grado di riconvertire la follia in ragione e la schiavitù in libertà, presto, il vortice del relativismo lo risucchierà dentro un vuoto senza fine, consegnando l'anima dei nostri figli nelle mani di Satana.

Cos'è dunque il liberismo, se non l'espressione più evidente del Maligno! Inquinamento, effetto serra, rifiuti e scorie industriali, deforestazione, armi e centrali nucleari, estinzioni sistematica di infinite specie animale e vegetale, deriva etica e morale, e tutto quel luna park di tecnologia invadente e invalidante che ha trasfigurato la nostra esistenza in un inferno quotidiano, non sono gli effetti meramente tecnici dell'azione umana, ma la chiara manifestazione di quel progetto demoniaco di manipolazione delle coscienze che passa sotto il nome di "società dei consumi".

L'UOMO COME UN VIRUS

Il peccato più inenarrabile che mai si sia consumato nella storia del mondo, sta nell'avere profanato, contaminato e violentato l'opera del creato che, dall'origine, abbiamo avuto in dote dalla benevolenza infinita del Grande Sognatore. La vendetta della Madre Terra, presto, si renderà palese in tutta la sua potenza, violenza e crudeltà, senza sconti, per sancire, ancora una volta, la sua volontà trascendente e la logica suprema delle sue imperiture ragioni.

Gli uomini sulla terra, oggi, sono come le cellule di un tumore che moltiplicandosi e ingrossandosi a dismisura (ipertrofia e iperplasia), compromettono irrimediabilmente il funzionamento di un organo o di una qualsiasi parte del corpo.

Pertanto, quello che sta succedendo oggi sul nostro pianeta, è lo stesso meccanismo che origina il cancro. Il Sistema Liberista Relativista è il grande cancro e noi le cellule cancerogene.

Ritenere un fattore tecnico, la causa di tutto ciò (imputabile alla sola azione dell'uomo) è estremamente riduttivo, poiché sottintende la possibilità di una soluzione altrettanto tecnica in grado di riconvertire la situazione.

In verità, c'è qualcosa di più, di molto più serio e inquietante: l'intervento del Maligno. Un'entità astratta, occupante, fatta della stessa sostanza del nulla, che subdolamente si insinua e dimora nella mente dell'uomo di cui oggi, diversamente da un tempo, ne possiede il cuore e l'anima.

In un passato neanche troppo lontano, il Maligno era dunque circoscritto all'individuo e le possibilità di contagio erano inesistenti, se non improbabili eccezioni relegate all'interno di un gruppo.

Tutto ha avuto inizio con la rivoluzione industriale: le prime scoperte, le macchine, la tecnologia e la scienza più in generale. Una tale mutazione e degenerazione socio-culturale, ha rimosso ogni preesistente regola, parametro e impianto etico, azzerando ogni individualità, personalismo e slancio rivoluzionario. È stato facile in questa condizione, commercializzare, mercificare e imporre la nuova dottrina del male!

Tutto questo, in breve tempo, ha uniformato le coscienze in virtù di un piano di manipolazione senza precedenti, relativizzando le scelte dell'individuo e i suoi comportamenti.

È a questo punto che il Maligno trova terreno fertile per attuare il suo progetto necrofilo, occupando quello spazio vuoto, un tempo destinato alla ragionevolezza e al libero arbitrio.

La prima e seconda guerra mondiale non sono state che le prove prima del debutto, ma per quel momento, neppure il piano di sterminio architettato dal nazismo era stato in grado di piegare l'ultimo avamposto etico e i suoi irriducibili anticorpi.

Tutto però si è rivelato inutile. Le metastasi del Maligno avevano già intaccato i gangli vitali della società occidentale. Con l'avvento poi dei mezzi di comunicazione mediatici (radio, televisione e seducente propaganda) e con la loro capacità invasiva e di plagio si è prodotto quello che, nella società attuale è il "Capital Liberismo Relativista", coronamento di una vittoria senza precedenti nella storia del male.

Non esistono oggi efficaci tecniche e strategie (vista la sua virulenza e la moltitudine di seguaci, potenti e dominanti) in grado di combatterlo e contrastarlo.

Dovremmo pertanto sapere riconvertire il Maligno in benigno, rinunciando al Sistema Bestia, a dipendenze e seduzioni, alle sue invitanti ed effimere promesse di libertà, felicità e d'immortalità; recuperare la perduta consapevolezza, l'autosufficienza e la primitiva autonomia.

In breve, dobbiamo fare un passo indietro e riassorbire tutti quei valori e princìpi etici che abbiamo svenduto e barattato con il Maligno rinunciando così per sempre al vero senso della vita, alla spiritualità e alle sue ragioni.

Non ci sono domande, né perché, sulle cause di un tale scempio umano, né attenuanti tese a giustificarne le responsabilità comuni.

Ogni capacità di giudizio obiettivo è stata definitivamente rimossa o azzerata, tanto da non sapere più distinguere fra il giusto e l'iniquo, la verità e la menzogna e l'ambrosia dal veleno. Tutto questo è potuto accadere dopo aver rimosso dentro di noi quello spirito di autoconservazione, in assenza del quale, ogni parametro di giudizio e di comparazione è stato per sempre cancellato dal nostro DNA e dal nostro cuore. La perdita di autonomia, materiale e psicologica, ci ha relegato dentro una schiavitù senza catene, svuotandoci di ogni oggettiva responsabilità personale.

Il Sistema Liberista Relativista, del resto, non è meno terrificante (se pur in forma diversa) del nazismo, anche se per certi versi, ancora più pericoloso ed inquietante, sia per dimensioni che per crudeltà: una sua metastasi, causa di quell'abominio, e della più inimmaginabile tragedia nella storia dell'umanità, che si è caratterizzata per una totale assenza di etica, avendone cancellato ogni suo confine.

Non esistono oggi strumenti capaci di contrastare la sua avanzata, né punti nevralgici da colpire per ferirlo a morte. Questo perché, noi stessi (tutti noi), siamo il Sistema, e la sua disfatta sarebbe la nostra.

La sua indole necrofila è tesa alla disumanizzazione, alla distruzione morale, spirituale, di ogni cosa, con l'intento di omologare dentro un pensiero unico, ogni personalismo e soggettività.

L'orrore indicibile e il livello di aberrazione, relativi allo sterminio degli ebrei (e non solo) architettato dal nazionalsocialismo, ha siglato e decretato la fine dell'umanità. Da quel preciso momento, niente è più stato lo stesso.

Quel dolore incommensurabile prodotto da crudeltà inenarrabili ha pervaso l'atmosfera terrestre di vendetta e niente che non sia il totale azzeramento dell'individuo moderno, potrà mai restituire dignità e consolazione a questa terra straziata. E questo deve essere chiaro a tutti! Il nazismo rappresenta di fatto quel peccato imperdonabile, quel maleficio satanico che ha spalancato le porte dell'inferno, spianando la strada a quel progetto di distruzione sistematica di principi e valori, che sancirà la fine di quest'epoca insensata.

IL MALIGNO E L'OSSIMORO

Ciò che ha caratterizzato quest'epoca moderna decretandone la sua fine, sta nell'ossessione maligna dell'uomo di avere voluto scavare, sondare, analizzare, "guardare dentro", vivisezionare la vita e la materia, immaginando nella sua piccola e stupida mente in stato degenerativo, di potere scoprire il mistero della vita e della morte. Nessuna forma di vita sul pianeta avrebbe mai potuto azzardare una tale tesi, sapendo a priori della differenza sostanziale che esiste fra adattabilità (istinto intelligente deputato all'auto conservazione) e la profanazione. Avremmo dovuto rivolgere il nostro sguardo al cielo, espandere il nostro spirito e la nostra anima fin dentro i prati fioriti e profumati della trascendenza e dell'illuminazione, per assaporare l'ebrezza della conoscenza superiore che ci potesse liberare dal tormento di una mente opportunista e materialista che oggi sta seppellendo l'umanità sotto le macerie della sua arroganza e presunzione. Il pianeta Terra è sul punto di collassare, sommerso da un oceano di spazzatura cancerogena e di sterco industriale, di ogni forma e materia, e nessuna pragmatica ed esemplare bonifica, la potrà mai decontaminare, ripulire e risanare. Il Sistema Liberista Relativista si sta spegnendo, e nessuna fantomatica crescita e ipotetico sviluppo potrà mai rianimarlo dal "coma farmacologico" al quale è stato sottoposto. Abbiamo alterato il clima in forma irreversibile: migliaia di fabbriche fumanti impregnano l'aria di CO_2 e di gas tossici; laghi, fiumi e mari, ridotti a cloache a cielo aperto. Tutto sembra una giostra impazzita, dove la politica, la finanza, l'imprenditoria, la criminalità organizzata e i grandi gruppi di potere, fanno a gara per accaparrarsi le ultime residue risorse ancora rimaste nelle tasche dei cittadini, mentre la disoccupazione avanza inarrestabile, e rischia di trascinare l'umanità dentro una guerra fratricida senza quartiere. Umanamente, è una condizione non più sostenibile! Necessita pertanto, una svolta radicale e rivoluzionaria, perché tutto non vada perduto.

In questo momento storico, unico per la sua straordinaria eccezionalità nella storia del mondo, nessun saggio proposto, trascendente filosofia, o grande gesto d'amore, potranno mai contrapporsi a quel disegno perverso di omologazione delle coscienze e di distruzione ambientale, messo in atto dal Sistema Bestia e seguaci, e in virtù del quale ha pianificato la fine dell'umanità.

Nelle moderne società liberiste, l'illegalità è assurta a regola. Gli organi preposti a contrastarla, sono così marci e corrotti che, definirli civili, è un autentico contrasto logico. Il falso, è un fondamentale del relativismo demoniaco e fratello gemello dell'ossimoro; i due, insieme, sono capaci di innescare tali catastrofi, da fare impallidire il nazismo. L'ossimoro, partorito in quantità industriale dal moderno Sistema liberticida, è il germe malefico del relativismo.

Questa nostra, dunque, è la peggiore delle schiavitù. Siamo prigionieri, costretti dentro l'invisibile gabbia dell'omologazione e di un persistente disagio psico/esistenziale, oppressi dalla dittatura di una libertà effimera e dall'illusione indotta dal Sistema Relativista di considerarci tali. Ogni altro aggettivo che si voglia affiancare al termine "relativismo", con l'intento di rafforzarne il significato etimologico, in realtà, lo mortifica, essendo lo stesso (il relativismo) una condizione fuori da ogni oggettiva comprensione umana e più terribile auspicio. Di fatto, dentro di noi, non vibra più alcuna corda e ogni moto di mare si è spento, schiacciato dall'appiattimento verso il basso di ogni nostro personalismo, giudizio critico e gesto rivoluzionario. Neppure sotto il peggiore dei regimi, era mai stata prodotta una tale massificazione delle coscienze e una così alta percezione della paura, in tutte le sue forme psicotiche, ipocondriache, di densità e di contaminazione!

Gli individui androidizzati delle società occidentali, interpretano la conoscenza del passato, come incapace di attingere a una realtà oggettiva e assoluta. Affermo questo, sulla base di un'attenta e disincantata osservazione dei loro atteggiamenti, ragionamenti, convincimenti e, in fine, analizzando gli effetti delle loro scelte sulla realtà presente. Così, l'illegalità è assurta a regola, e gli organi preposti a contrastarla, sono così marci e corrotti, che chiamare le nostre società, civili, è un ossimoro. Per tanto, la locuzione "certezza scientifica", descrive con efficacia il contrasto logico di una tale affermazione, codificandola a buon diritto, fra la sconfinata categoria dei moderni e catastrofici ossimori, oggi adottati in massa a regole comportamentali, tali da avere mutato la libertà in licenza e la realtà in contraffazione.

Con la rimozione dei valori e dei principi etici, si scardina il progetto originario che, da parametro assoluto, degrada in caos e relativismo. Le attenuanti che l'uomo moderno si accampa, sono tese a giustificarne i comportamenti deliranti, facendolo precipitare in una sorta di morboso narcisismo isterico e deresponsabilizzante, con l'intento illusorio di placare una lacerante paura e ansia esistenziale.

È IN QUESTO MODO CHE SI CONTROLLANO LE MASSE, TOGLIENDO LORO I PARAMETRI DI RIFERIMENTO, DI GIUDIZIO CRITICO, DI COMPARAZIONE, E SPIRITO RIVOLUZIONARIO. In una parola sola, renderle inoffensive!

IL MERCATO DELL'ANIMA

Dovremmo ricordare (morbo permettendo!) che tutti questi infernali mezzi di comunicazione e di interazione mediatica in tempo reale di cui disponiamo, e attraverso i quali intendiamo combattere e sconfiggere la Bestia Liberista, non sono il risultato di una nostra personale conquista, fatta di lotta e di sacrificio di vite umane, ma ci sono stati elargiti dalla grande magnanimità del Sistema Bestia che, diversamente dall'immaginario collettivo, sta in questo modo attuando il suo piano di schiavitù globale, disattivandoci definitivamente da ogni capacità di ribellione, rendendoci inoffensivi.

Oggi, la vita degli individui, non ha più alcun valore - il loro livello di comprensione, apprendimento, di soluzione, la capacità mnemonica e organizzativa, sono tutte variabili, infinitamente al di sotto, delle normali funzioni delle macchine tecnologiche. Quest'uomo, così com'è, non serve più a nulla. Non è di alcuna utilità, né a questo mondo, né a se stesso. Roba da rottamare! Un qualsiasi "server" è più prezioso della vita di un uomo!

É dunque, questo, il sogno di libertà e benessere, al quale tanto aspiravamo?

Se fossimo persone, e non dico speciali, ma appena normali, saremmo stati in grado attraverso la RETE di organizzare una rivoluzione al giorno e imporre al Sistema le nostre condizioni. Avremmo potuto, tutti quanti insieme, boicottare questo o quel prodotto, questa o quella trasmissione televisiva, quel politico, quello sponsor, e rendere sterile tutta quella montagna di merda che contamina la nostra quotidianità e l'habitat che ci circonda e ci avvelena. Ma tutto questo non è successo, non succede, e non accadrà mai! Perché quel Sistema che tanto demonizziamo, e contro il quale puntiamo il nostro dito inquisitore, in realtà, quel sistema, siamo tutti noi: una massa infinita di smidollati cresciuti all'ombra di comodità invalidanti, e asserviti alle dipendenze della Bestia Liberista, che pur di evitare ogni sforzo fisico, mentale e complicazione, preferisce trovare conforto e consolazione fra le braccia del loro carnefice, rigettando ogni sussulto rivoluzionario e oggettiva responsabilità. Continuiamo a scrivere, ad indignarci, a denunciare, a minacciare, a sfogare la nostra rabbia e frustrazione contro quell'entità astratta e informe che immaginiamo si sia auto/prodotta al di fuori della nostra volontà! Ma noi tutti siamo quella Bestia che abbiamo alimentato, cresciuto e modellato a nostra immagine e che oggi, con tutta la disonestà che ci contraddistingue, accusiamo come la ragione di tutti i nostri mali e problemi.

Se percepissimo 2 euro per ogni ora che stiamo davanti al computer, avremmo risolto, per sempre e per tutti, il problema della disoccupazione! Guai però ad usare questo tempo a coltivare un orto!! Non sia mai! Troppa fatica! Preferiamo fare qualsiasi cosa, ma da seduti, magari sorseggiando una Coca Cola e ingurgitando una velenosa merendina industriale, alternando il tutto a qualche sterile conversazione al cellulare.

Questi siamo noi! Un branco di debosciati, decerebrati senza speranza, che non sanno rinunciare alla più stupida dipendenza e debolezza, e immaginano di potersi lavare la coscienza scagliandosi contro quel Sistema che loro stessi hanno generato. Così la Bestia dorme sonni tranquilli, sapendoci occupati, inoffensivi e divertiti, dentro una battaglia virtuale che non sarà mai in grado nemmeno di scalfire l'ombra di un ipotetico nemico.

E se anche venissimo a sapere di tutte le turpitudini, di tutti i crimini, nefandezze, aberrazioni e le perversioni del Sistema, sventolandole in mondo visione sotto il naso dei loro autori e indicandoli uno per uno con nome e cognome, tutto rimarrebbe lo stesso. La nostra opera di denuncia e di diffusione della notizia, resta lettera morta se non suffragata da un'azione di ribellione tangibile e rinunciando alle seduzioni del Sistema! Potremmo dunque dire peste e corna del Sistema Potere, che nulla cambierebbe! Il Sistema (diversamente da quanto la logica ci costringerebbe a pensare), si nutre di tutto questo, ne gode e se ne vanta, trasformandolo in seguito in un grande business! Lui lo sa, che siamo una massa di imbecilli! È Lui il nostro creatore, ed è Lui che ci concede la possibilità di attaccarlo, criticarlo e maledirlo, sapendo che ne ricaverà vantaggi e piacere.

Potrebbe esistere un serio rischio se gli individui partoriti dalle società liberiste, fossero soggetti pensanti e ragionevoli. Ma il Sistema Bestia, gioca sul sicuro, certo al mille per mille che tutto si riduce ad un chiacchiericcio globale, sicuramente fastidioso, ma improduttivo e dunque ben lungi dall'innescare una qualsiasi forma vera di ribellione.

Pensare dunque che il Sistema sia così sprovveduto e miope, d'averci messo nelle mani l'arma con cui sconfiggerlo, è una conclusione da deficienti!"

Io stesso (che da anni mi prodigo attraverso i miei articoli, a quell'opera di sensibilizzazione, destinata ad un presunto risveglio delle coscienze) so con la certezza matematica e il disincanto di chi ha "il polso della situazione", che tutto è destinato a dissolversi nell'infinito baratro dell'indifferenza generale, di coloro, che hanno anteposto i loro egoismi e l'indolenza al futuro dei loro figli.

L'umanità tutta è complice e vittima di quel progetto diabolico (e non in senso metaforico, ma nel suo più corretto significato etimologico) che presto sancirà la vittoria del male sul bene. E quelli che tutti immaginano come gli uomini di potere, corrotti, crudeli, senza scrupoli e capaci di ogni mostruosità, in verità sono diavoli, diavoli veri, in carne e ossa, e con una capacità di riprodursi davvero sorprendente.

Oggi il mercato dell'anima è il più florido in assoluto di qualsiasi altro affare. Un prodotto considerato tossico fra le schiere degli umani, ma molto scambiato alla borsa dell'inferno, che di questi tempi, ha toccato i massimi rialzi di sempre.

Sta di fatto che Satana è fra noi, con tutta la sua banda di cornuti pronti a sferrare il colpo mortale a questa terra e a tutta l'umanità.

L'uomo relativo non aspira alla conoscenza. Cerca un'assoluzione per i suoi peccati.

Oggi il chiacchiericcio non è che un vezzo: la rinuncia ad una azione tangibile, fortificante e concludente. Oggi la parola assurge al significato etimologico di propaganda, vanità, dipendenza, e omologazione.La parola, nata come strumento semplificatore di mutuo scambio, si è trasformata in una sorta di potere sanguinario e giustizialista; la parola alla pubblicità, al potere politico, temporale, guerrafondaio.L'uomo del XXI secolo, è un animale metropolitano e verso la natura ha un insulso atteggiamento romantico e uno spirito turistico.Per tale motivo, l'uomo relativo, riconduce tutto alla sua specifica realtà, non tenendo in alcuna considerazione il restante patrimonio culturale, esistenziale e filosofico, che considera in totale antitesi con il suo non/pensiero. Se il suo cervello non riesce ad integrarsi e compenetrare altri mondi, lui non appartiene a nessun mondo, e non è di nessun aiuto; né al mondo né a se stesso.

Nella società contadina preindustriale, il rapporto uomo-natura, uomo-terra, uomo-animale era totale, passionale e complementare. Ogni individuo esprimeva caratteristiche e personalità differenti, personalismi unici, inimitabili, e sogni, emozioni, intuizioni, atmosfere, mondi, diversi e irrepetibili; ragionamenti, pensieri, e straordinarie introspezioni filosofiche e senza tempo, tanto che le parole, pur nella loro straordinaria capacità comunicativa ed espressiva, restavano pietre grezze di fronte all'incommensurabile e trascendente conoscenza immaginifica della ragione primordiale; una visione del mondo incondizionata, senza confini, che nell'accettazione logica della provvisorietà della vita, configurava le ragioni della necessità della morte.

Nel mondo occidentale ipertecnologico, dove il rapporto uomo/natura, uomo/terra e uomo/animale è del tutto assente (se non estinto), l'individuo è costretto a confrontarsi sul piano delle parole, delle indicazioni e dei messaggi che l'Organizzazione Sistema distribuisce attraverso la comunicazione multimediale e la televisione, senza così potere attingere informazioni, idee e significati, dalla sua esperienza e coscienza personale.

L'uomo neutro di questo secolo, privo di parametri e di riferimenti oggettivi, ha delegato al Sistema ogni incombenza, qualunque sia la sua natura, esimendosi dalla possibilità di una critica influente, costruttiva, e capace di condizionare e contrastare le sue logiche perverse e le regole liberticide.

Una forma umana ibrida, appiattita su una visione omologata e omologante della realtà, ridotta a copia/incolla di idee prese a prestito, costretta ad allinearsi alle tendenze di quel momento.

Il linguaggio moderno, pertanto, non è più l'espressione pragmatica di sentimenti, emozioni, intuizioni e sensazioni di quel mondo passato variegato di infinite diversità, ma è la ripetizione in serie di codici già scritti da altri. In questo modo, i vari soggetti interagiscono e si confrontano fra loro, anteponendo il linguaggio parlato e scritto all'analisi individuale e introspettiva del pensiero critico/originale. Un contraddittorio "in tempo reale" (come vuole la moda del momento), che trasfigura l'individuo dell'era tecnologica in "amplificatore", prima ancora di essere un soggetto pensante.

Uno straordinario ed inquietante capovolgimento dei meccanismi di auto/conservazione, tipici e caratteriali di quel relativismo etico che oggi, come una nube nera e minacciosa, sovrasta le società occidentali e ne sancisce la loro prossima fine

Del resto, non è nemmeno tecnicamente pensabile, la sola idea e possibilità che, in un mondo dove tutto è uguale per tutti, qualcuno possa dire, affermare, credere, pensare o imporre qualcosa di diverso, che non sia la copia di una "verità relativa" già esistente.

Credere ancora nell'unicità dell'essere umano, del singolo, come soggetto irrepetibile e non sovrapponibile, è oggi mera illusione, che la dice lunga sull'opera di plagio mentale omologante messa in atto dal Sistema.

Questa mia, potrebbe apparire una tesi fantascientifica, ma sono decenni che monitorizzo con attenzione e scrupolo l'evolversi degli avvenimenti, riuscendo, come pochi (rare eccezioni), a ricavare un quadro chiaro e oggettivo della situazione contingente senza personali coinvolgimenti di sorta. Una speciale capacità, la mia, che esula dalla retorica della superiorità e della presunzione, ma si attesta a dato di fatto incontrovertibile che basa la sua singolarità e la certezza delle sue conclusioni, su una consapevolezza mondata da ogni costrutto, pregiudizio, dipendenza e debolezza.

Se togli all'uomo le scale di valori e il senso di colpa, farai di Lui sterco del diavolo: un uomo reso inoffensivo, manipolabile, corruttibile, pronto a vendersi e prostituirsi al peggiore offerente e a soddisfare ogni sua più subdola debolezza, vizio, perversione e dipendenza.

Se dovessimo dare un valore alla vita, in tutte le sue forme ed espressioni, sulla base dei comportamenti etici, del livello di felicità raggiunta e della capacità di sapere sopravvivere, coordinarsi e fare squadra, dovrei opportunamente concludere, che una sola formica, vale quanto tutti gli individui delle società occidentali liberiste, messi insieme.

Il Neoliberismo rampante (che subito dopo la seconda guerra mondiale - 60.00.000 di morti - esibiva con orgoglio la sua perversa natura), aveva allora ben compreso l'inopportunità e le difficoltà circostanziali relative alla messa in atto del suo piano di omologazione e di sfruttamento delle masse, nei modi e nei tempi caratteriali di un regime o dittatura che sia.

Appariva così più sensato, proficuo, e meno impegnativo, sottomettere, asservire e manipolare gli individui, facendo leva sui loro lati peggiori, sulle loro debolezze, concedendo loro la soddisfazione e realizzazione di ogni loro più turpe desiderio, bisogno, vizio e perversione - costringendoli alla dipendenza e all'assuefazione, in virtù di un'opera di plagio mentale di massa, che si prefiggeva di scardinare ogni preesistente scala di valori, principio etico e parametro di riferimento oggettivo, allo scopo di facilitare la commercializzazione e l'acquisto di ogni bene e bisogno prodotto dal Sistema Bestia, senza alcun ostacolo di natura morale, critica, e personale.

Tutto questo progetto di falsificazione e di contraffazione della realtà è stato definito LIBERTA'.

È in questo modo che il Sistema ci disattiva, rendendoci innocui, all'interno di una società dove ogni singolo individuo è schedato, controllato e di privato, non è rimasto nulla - un ibrido sterilizzato da ogni personalismo, e disinnescato da noi ogni imprevisto impulso rivoluzionario.

Questo è il vero volto del Liberismo, dalle mille facce e infinite personalità - più subdolo, più velenoso, più miserabile di qualsiasi totalitarismo.

"All'interno delle moderne società di massa, l'Ideologia della Distruzione (necrofilia) subisce una sorta di evoluzione - Gli interessi dell'uomo si trasferiscono da ciò che è naturale, spontaneo, vivo ed umano, a ciò che è artificiale, sintetico, meccanico, divertente ma non gioioso e appagante, bensì frustrante; la sessualità diventa una capacità tecnica, i sentimenti sono appiattiti e talvolta sostituiti col sentimentalismo; la verità è relativizzata, espropriata della sua funzione illuminante e l'eccezione, omologata e massificata".

Il clamoroso ribaltamento delle regole preesistenti, che fin dall'origine, l'uomo, riteneva la condizione irrinunciabile senza la quale nessun processo vitale avrebbe mai potuto materializzarsi, ha portato "le eccezioni" ad essere modello da perseguire, in tutte le forme, interpretazioni e suggestioni e dare vita alla moderna cultura di quel Liberismo che, sulla licenza, sull'abuso, e sull'impostura, ha suggellato il suo perverso potere e la sua indole necrofila. Tutto questo, facendo leva sugli istinti e lati peggiori, e più recessi dell'individuo perché, solo avendoli soddisfatti in pieno, potrà essere se stesso fino in fondo.

La grande abilità del liberismo, in questo piano di mutilazione dei principi, dei valori e dei doveri, si estrae dalla sua strabiliante capacità di avere rimosso negli individui il "senso di colpa", "il timor di Dio", convincendo le masse occidentali che si trattava di un tabù dal quale liberarsi; preistoria! Una concezione retrograda della vita, dunque, che andava estirpata al più presto, senza troppo ragionarci sopra, per evolvere così verso una "modernità" compiuta, epurata da primitive e barbare limitazioni di natura etica, morale, e religiosa, che impedivano all'uomo di assaporare l'ebrezza di una vera e completa libertà. Non c'è che dire! Un esercizio di illusionismo davvero geniale, benché diabolico.

L'eccezione, non solo conferma la regola, ma non esiste regola senza l'eccezione. Ma quando è l'eccezione a divenire la regola, allora tutto l'impianto sociale in precedenza formulato, sancito e reso operativo, perde la sua forza originaria, mortificandone i presupposti e gli scopi. In questa condizione tutto è relativizzato, e la verità cessa di essere parametro assoluto di comparazione e obiettivo da perseguire, ma subalterna al mero interesse particolare – che sia di natura materiale, psicologica o psichiatrica.

In questo ultimo mezzo secolo, la struttura liberista (in virtù della sua potenza mediatica di convinzione, e un'opera di contraffazione della realtà/verità senza precedenti), è stata in grado di trasfigurare l'eccezionalità dei comportamenti umani, in esercizio abituale, lecito, e quotidiano, esimendo l'individuo da ogni responsabilità personale, presa di coscienza, e vergogna, esonerandolo da una corretta analisi autocritica dei suoi atti e scelte.

Così, furbizia e raggiro hanno soppiantato l'impianto etico, e in seguito assimilati come pratiche relazionali - ma non solo: come strumento lecito e irrinunciabile, per la sopravvivenza del Sistema di Satana. Al vero si è sostituito il falso (punta di diamante del relativismo demoniaco e fratello gemello dell'ossimoro). I disvalori, commercializzati per poche lire su scala planetaria, hanno soppiantato quelli autentici: dell'anima e dello spirito. Il concetto di "libertà" è trasfigurato in licenza, e quel processo di omologazione mediatica messo in atto dal sistema, in democrazia - il contraffatto ha scalzato l'originale e lo sterminio perpetrato contro la natura, si è fatto progresso. Un piano ben riuscito, dove l'eccezione ha fatto terra bruciata di ogni principio e valore: il relativismo è assurto a "moderna" cultura e regola inderogabile.

Io sono nato in un piccolo borgo della bassa bresciana, in una vecchia cascina circondata da campi di grano e prati fioriti, incorniciati da una rete di canali di irrigazione, e fossati di acqua incontaminata, dove insetti pattinatori ed eterotteri, scivolavano danzanti sulla superficie. La felicità di tuffarcisi dentro era massima, e per noi bambini nati lontani dal mare, quell'occasione rappresentava uno dei momenti più esilaranti dell'anno, quando la calura estiva esaltava la sete e il bisogno di freschezza.

Quelle acque brulicavano miracolosamente di vita e di diversità. Con un semplice retino o una forchetta, era facile catturare pesci, anguille, gamberi e rane. Un'altra tecnica, consisteva nel prosciugare un tratto del fossato con una pala concava di legno dopo averlo, da ambo i lati, ostruito con due semplici dighe di fango, che impedissero (per il tempo necessario all'operazione), l'impercettibile scorrere dell'acqua. Così i pesci, intrappolati nella poca acqua sul fondo, erano di facile presa.

Questa, era la "regola" che governava quel magico mondo passato, mentre più a nord (una ventina di km) l'eccezione si materializzava in una conceria, che riversava i suoi veleni e reflussi acidi nel fiume Mella.

Trattamenti antiparassitari, pesticidi, diserbanti, fertilizzanti e concimi chimici, erano ancora tutti da inventare, e gli OGM, appartenevano alle elucubrazioni fantascientifiche di un film dell'orrore, che prospettava un'umanità alla fine della sua apparizione - l'immagine traslata di un mondo futuribile, ma che in breve tempo si è attestato a cruda e sconcertante realtà - al punto tale da dettarne le regole.

Così, quel poco cibo naturale e biologico che caparbi ed eroici agricoltori e onesti contadini persistono nel produrre contro ogni logica di mercato e in totale radicale controtendenza, rappresenta l'eccezione, in antitesi con le dominanti multinazionali del "cibo morto", dell'industria chimica e dell'agroalimentare, che detengono il potere assoluto sulla produzione alimentare globale. E questa oggi, è la regola; una regola applicata all'acqua che sgorga dai nostri rubinetti di casa, a quella dei fiumi, dei mari e degli oceani: oggi, sempre più simili a cloache a cielo aperto, prive della più elementare forma di vita. E questo vale per l'aria delle nostre città, e per ogni cosa, prodotto e bene di consumo che il Mercato del Grande Impostore ci spaccia come "le buone cose di una volta", traducendo la menzogna in regola sociale e la verità in atto sovversivo. Una "regola" che vale per la politica, dove oggi, un'orda di filibustieri e di parassiti, delegittima e butta fango su un movimento di cittadini liberi, onesti, e incontaminati, che risultano, essere l'unica e sola "eccezione" in un panorama di squallore morale, e di deriva etica. Un mondo al contrario, dunque, dove tutto è ribaltato e dove l'eccezione trionfa e detta le regole; dove i posti di responsabilità si raggiungono per demeriti; dove vige il nepotismo, la raccomandazione; dove la capacità di mentire, il mercimonio della dignità, la corruzione e la propensione a tradire, sono divenute le inedite credenziali per avere accesso al potere, al privilegio e all'impunità: un mondo perduto, che ha ridotto la felicità degli individui ad una estemporanea eccezione e tradotto il dolore fisico e psicologico dell'uomo, a regola inemendabile.

È DALLA CONSAPEVOLEZZA CHE GERMOGLIA LA FELICITÀ

Quando vivi con pienezza ogni stagione della vita, non hai rimpianto del tempo trascorso, se non uno splendido ricordo che ha il potere di annichilire ogni nostalgia. Chi rimpiange la giovinezza, è proprio chi non l'ha mai vissuta; diversamente, non si ritorna mai su ciò che si è già consumato.

Le logiche e le regole dei processi vitali naturali sono a tal punto perfette, che se consapevolmente ottemperate e messe a frutto, ci incamminano dentro un processo di felicità che raggiunge il suo apice con la paternità/maternità.

Avere messo al mondo dei figli, che in seguito ci daranno dei nipoti, coincide con il momento più appagante e irrinunciabile della vita di un uomo, dove il tempo passato della gioventù, si ascrive a una sorta di "calvario", necessario e complementare al coronamento di un tale fine.E tutto questo può accadere, solo a patto di non dovere sottostare al fantasma della paura – una condizione di frustrazione, che di questi tempi condiziona ogni nostra scelta e meta da perseguire.Così, siamo pronti a tutto pur di assecondarla, a tal punto da sacrificare le ragioni più profonde del nostro cuore, trasformando la nostra vita in un doloroso e infinito rammarico e cordoglio.É lei, all'origine del nostro disagio spirituale e non esiste nulla al mondo di più terapeutico per combatterla, di una profonda consapevolezza sulla necessità della morte, e quindi della comprensione logica dell'ineludibile provvisorietà della vita. Se non afferriamo a fondo il suo significato più alto, ogni vera felicità ci é preclusa.

L'assunzione di responsabilità sta alla base del cambiamento! Lo sfuggire a questo, genera colpa esistenziale, la consapevolezza, in fondo, di scegliere di non decidere.

Lo squilibrio di vivere è il prezzo, proprio di chi ha perso la consapevolezza di se e del mondo.Il periodo più bello della vita di un uomo, è dunque quello della consapevolezza. Chi pensa, sia la giovinezza, non ha mai assaporato il piacere di un vero orgasmo e chi ne prova nostalgia, é un essere incompiuto.

La consapevolezza dei nostri reali bisogni e la competenza nel trovare le giuste soluzioni ai nostri problemi, è quel meccanismo che ci rende uomini a tutti gli effetti, in grado di mantenere gli impegni presi, sia con gli altri che con noi stessi. Relativizzare la verità, è una pratica che porta all'autodistruzione e ci confina in un limbo gelatinoso di paranoia e solitudine. Per tanto, prima di pensare, dobbiamo agire, essendo la "pratica" il solo strumento idoneo per affinare il pensiero positivo. Tutto il resto, si traduce in inconcludente introspezione, disagio psichico e infelicità.

Avere voluto, promuovere, imporre e "globalizzare" i lumi della ragione, si è rivelato un esercizio di illusionismo (un imbroglio) che non ha tenuto in nessun conto le imprescindibili esigenze individuali e gli equilibri sincroni e vitali dell'esistenza, essendo la stessa ragione, per definizione, soggetta e relativa alla consapevolezza, alla capacità di discernimento, alla forza di volontà, a fattori culturali, religiosi, geografici e, più in breve, al libero arbitrio. Quando la ragione diventa razionalità e logica e le parole che presumono spiegarla, i numeri infiniti di un'equazione algebrica, il risultato finale sarà un materialismo omologante e un appiattimento culturale verso il basso, scevro da ogni individualismo, personalismo, giudizio critico e sentimento di passione. Si …, proprio la passione, quella forma di magica alchimia con la capacità intrinseca di mutare ogni sforzo umano e sacrifico, in piacere e completo appagamento, proprio in virtù di quel processo di metamorfosi che trasforma il bruco in farfalla e l'incoscienza in saggezza.

L'esercizio volto a relativizzare la verità, per addurne attenuanti personali, è una pratica che porta all'autodistruzione e ci confina in un limbo gelatinoso di paranoia, frustrazione e solitudine.

Pertanto, prima di pensare dobbiamo agire, essendo la pratica il solo strumento idoneo per affinare il pensiero positivo e incamminarci sul sentiero della felicità.

IL SISTEMA PREDICA LA NON VIOLENZA E CI AMMAZZA
COME MOSCHE

E non saranno certo le leggi, le manovre finanziarie o le nuove scoperte tecnologiche (baggianate!) a restituirci la dignità mercificata, la salute e la felicità! Al contrario, peggioreranno lo stato delle cose, accanendosi ulteriormente sulle autentiche ragioni della nostra esistenza.

Bombe intelligenti, batteriologiche, al fosforo, nucleari e tutto quel baraccone di atrocità e di distruzione puntato alla tempia dell'umanità, non è che l'inevitabile risultato di una scienza puttana, avulsa da ogni principio etico e morale. E di seguito, l'inquinamento, scorie e rifiuti tossici dispersi in ogni dove, la devastazione ambientale più in generale, sono gli effetti nefasti prodotti dall'assenza di Etica. É la licenza che si è fatta libertà, mistificazione la verità, e la profanazione, ricerca.

Chiesa, istituzioni, finanza, criminalità organizzata, potere politico e mediatico, sono le sei mostruose teste assetate di sangue di quella Bestia lurida e subdola che, nello Stato, trova la sua ideale collocazione.

Questi soggetti dalla natura mefistofelica, interagiscono fra loro attraverso un sincretismo perverso e diabolico, elevando così al massimo il livello della loro potenza di fuoco, capace di condizionare ogni nostra scelta, azione e pensiero.

La devastazione ambientale, deriva sociale e morale, hanno tutte come denominatore comune quel progetto di sterminio architettato e pianificato dal Sistema Bestia.

Il Sistema predica la non violenza e ci ammazza come mosche! Ci ammazza nelle fabbriche, ci ammazza togliendoci il lavoro, ci ammazza avvelenando l'aria, l'acqua e il territorio; ci ammazza contaminando il cibo, attraverso l'irrorazione di scie chimiche, con i campi elettromagnetici, le radiazioni, i vaccini e, alla fine, derubandoci della dignità.

Siamo in un mare di merda così grande da non scorgerne i confini. Una merda con la quale ci alimentiamo ogni santo giorno senza batter ciglio, ma che partecipiamo a produrre come vermi aggrovigliati l'un l'altro dentro questa fogna in cui è trasfigurata la nostra vita moderna. Ci hanno scaraventato al centro di un inferno fatto di paure, angosce e solitudine, mentre la nostra anima galleggia defunta sulla superfice stagnante di un oceano di menzogne e di infamia.

Non abbiamo una vita, non abbiamo una privacy – ci hanno sottratto ogni motivo di felicità e di speranza e quel giorno, quando i nostri figli avranno bisogno di aiuto, noi non ci saremo!

LA RETE - L'OPPIO DEI POPOLI

Poniamo il caso che, per un assurdo, tutti coloro che frequentano la Rete nel mondo (e parliamo di qualche miliardo), abbiano preso consapevolezza della realtà e delle infinite tragedie, umane, ambientali, politico/finanziarie che oggi minano la vita degli individui. Voi credete davvero che possa cambiare qualcosa, se oltre alla pressa di coscienza di tutta questa immensa folla di persone sedute davanti ad un computer, non corrisponde poi un'azione di forza, pragmatica e rivoluzionaria, tale da destabilizzare il Sistema e rimuoverlo?

Mi pongo questo interrogativo, poiché mi rendo conto, che nonostante la massiccia opera di denuncia e di indignazione di questi anni, la condizione umana sta peggiorando, giorno dopo giorno!!

A questo punto mi domando se valga la pena di buttare tutto questo tempo prezioso, e se tutto questo scambio di notizie e informazione, non sia altro che il risultato di una dipendenza virtuale indotta dal Sistema potere per renderci definitivamente inoffensivi.

L'informazione attraverso i moderni mezzi di comunicazione, è simile ad un giornale di gossip che registra le notizie in tempo reale, provocando la maniacale curiosità della gente al pettegolezzo e relegandola in una condizione di immobilità invalidante, esonerandola così da ogni oggettiva responsabilità e azione.

Il Sistema ci vuole così! Come adesso; incollati di fronte allo schermo di un computer, inebetiti dall'illusione di ritenerci liberi e di poterlo combattere e sconfiggere, in virtù qualche post trafugato dal grande mare della Rete; un innocuo gioco d'aria prodotto dal movimento di un ventaglio, sulla sua chioma posticcia!

Adesso siamo schiavi a tutti gli effetti. Questo è il "moderno oppio dei popoli!" Una droga virtuale che ci ha reso inoffensivi, sterilizzando ogni personalismo, disinnescando in noi ogni impulso rivoluzionario e lobotomizzando le nostre coscienze.

Se noi stessi, per primi, siamo incapaci di riconvertire i nostri comportamenti irrazionali in altri di natura etica e spirituale, come possiamo minimamente credere di trasmettere quella forza empatica che dietro le nostre parole, può produrre il cambiamento?

É l'esempio che conta, l'azione pragmatica e non l'inconcludente chiacchiericcio! I fatti concreti e la coerenza dei nostri atteggiamenti, si ascrivono a metafora delle radici sane e profonde di quell'albero che è la nostra vita. Un albero che può produrre frutti dolcissimi se curato a dovere e frutti velenosissimi se lasciato a se stesso.

I tanti, che cavalcano l'onda dell'iper/informazione mediatica, non sono che un branco di asini ammaestrati dall'opera di omologazione del Grande Fratello Globale: la Rete.

Di veramente nostro, in realtà, non se ne vede l'ombra (se non in rare eccezioni), indaffarati come siamo a condividere virtualmente e rendere pubblici i crimini economici, politici, finanziari e ambientali di questa società che, in larga parte, sono la risultante dei nostri comportamenti e dipendenze dal Sistema Bestia.

Tutto troppo comodo! Non è in questo modo che ci laveremo la coscienza!

Siamo tutti complici e fautori di quella fine che abbiamo prodotto, e che ci guardiamo bene dal volere vedere, rinnegando l'evidenza dei fatti e rimandando ad altra data quella consapevolezza che ci costringerebbe ad abbandonare ogni resistenza e inettitudine, per sferrare il colpo mortale al Sistema Potere.

Dobbiamo togliere la testa dalla sabbia e guardare in faccia alla realtà, benché dura e dolorosa, ma in qualsiasi caso è la cosa più opportuna da fare.

L'imminente collasso del Sistema, non è più una questione di un secolo o di qualche decennio; siamo alla vigilia del punto di non ritorno.

INVESTIRE SULLE SPERANZE DELLA GENTE PER TRARNE PROFITTI MILIARDARI

da "Strategie Sataniche"

Sono oramai decenni che la medicina oncologica specula sulla buona fede, ignoranza e speranze della gente, con la falsa promessa di una ipotetica cura contro il cancro. É la stessa strategia che pratica la Chiesa cattolica che, in cambio di elemosine, promette la salvezza eterna fra le braccia del Divino Creatore.

Pensare poi di sconfiggere questa inquietante e sempre più diffusa patologia, con la chemio, la radio e la cobalto terapia, conoscendone a priori gli effetti devastanti sull'organismo, è pura follia.

I farmaci chemioterapici, per altro altamente tossici e cancerogeni, hanno costi esorbitanti e il loro potenziale distruttivo è direttamente proporzionale ai loro vantaggi economici. Per questi elementari e semplici motivi, nessuno di questi moderni alchimisti (imbarbariti dal vizio potere e del profitto), avrà mai l'interesse a confessarne l'inutilità, l'incongruità e la pericolosità.

Il cammino intrapreso dalla scienza moderna, conduce verso un baratro senza fine e nessun tardivo pentimento, sarà in grado di contrastare una tale tragedia, umana e morale.

In verità, sia la scienza, come la Chiesa cattolica, sono mercanti di illusioni, non essendo in grado di onorare né le loro promesse, né le aspettative degli allocchi.

Ma gli allocchi sono tanti, ottusi e rimbambiti a tal punto, da persistere in una sudditanza mediatica senza precedenti, che fa presa sulle loro paure e debolezze.

L'angoscia esistenziale dilagante e una precarietà senza precedenti, tendono a conformare i comportamenti e le scelte degli individui che, per una sorta di paura paralizzante, rinunciano ad ogni giudizio critico, per delegare ad altri, ogni oggettiva responsabilità individuale.

Come può il professor Veronesi, in barba ad ogni principio etico e deontologico, affermare che gli inceneritori sono più che sicuri e che le immissioni di diossina nell'aria, relative alla combustione dei rifiuti, sono pari allo zero?

Qualche tempo fa, l'oncologo di Satana, ha dichiarato che se fosse possibile, si alimenterebbe solo di OGM, ritenendoli più sicuri e affidabili. Anche la Chiesa plaude agli OGM che dice, potrebbero risolvere la fame nel mondo!!!!

Il disegno celeste viene messo in discussione dalla stessa Chiesa, che lo ritiene obsoleto, contorto e geneticamente modificabile.

Anche il corpo dell'uomo, un tempo, definito il tempio dell'anima, oggi viene profanato dalla scienza attraverso un'opera di violazione, contraffazione e mutilazione, nel silenzio più totale di una Chiesa Puttana, collusa e in affari con il Sistema Liberista Relativista. La stessa pratica, dell'espianto e trapianto degli organi (traffico compreso), che io considero un'aberrazione e un moderno esercizio pagano di necrofilia, non ha minimamente turbato le supposte coscienze di natura etico/morale del Clero secolare.

Lo stesso discorso vale per gli infernali marchingegni tecnologici di alimentazione forzata e di tortura legalizzata, che umiliano e mortificano il valore della vita e la necessità della morte e si accaniscono con crudeltà inusitata sullo spirito dell'uomo, intrappolato all'interno di un corpo in stand by.

Oggi, Chiesa e Scienza sono legati a doppio nodo per affinità e finalità diaboliche, spartendosi potere, privilegi, vizi e perversioni. In questo modo (vista la comunanza di intenti), non è difficile comprendere il perché di un tale sodalizio fra i cattolici e la Santa Sede.

Certo, c'è da rabbrividire, ma poi una buona confessione, resetterà ancora una volta, gli inopportuni rimorsi di una coscienza troppo ingombrante.

LA BELLEZZA

Cos'è la bellezza, non è la domanda! La domanda giusta è: "Dov'è la bellezza?"

La bellezza è una condizione senza la quale nulla può esistere. I suoi effetti sugli individui sono molteplici e diversi, e tutti vertono al bene comune. La bellezza è stimolante, immaginifica e creativa, terreno di coltura di ogni sentimento umano che aneli alla pace e alla solidarietà! La bellezza incalza la passione che si fa vigore e volontà, coraggio e perseveranza; induce alla fede, proiettando l'uomo oltre i confini della vita terrena fin dento il mistero della morte, pacificando la sua anima. La bellezza è purezza e innocenza, conforto e speranza - e come l'aria si respira, come nell'acqua ci si immerge, profuma di lavanda, di bucato, come i panni stesi al sole accarezzati dalla brezza mattutina. Ed è armonia e bisbiglio, suono di flauto e preghiera, verità e certezza, femmina e regina: contemplazione. Cura ogni dolore, ansia e smarrimento. E non è schiava, né serva, né sgualdrina ma danza libera fra i fiori del ciliegio, si erge fiera sopra il tempio di Athena per poi planare giù, sui fiumi e le foreste, fino a inerpicarsi sulle vette innevate, immacolate come la sua bianca veste di lino.

Che cosa resta oggi della bellezza, quando l'abominio e la profanazione scandiscono ogni attimo della nostra vita e ogni passione è defunta sotto la schiacciante opera di omologazione liberista? Quale passione oggi arde nel cuore di quest'uomo? Quale spirito divino alberga nella sua anima? Da quale pozzo misura il livello della sua felicità e l'acqua di quale torrente ristora e placa l'arsura della sua sete di bellezza?

Questi ultimi cento anni di storia sono stati caratterizzati da una crescita esponenziale della violenza, della paura e della crudeltà. Un'escalation sistematica dell'orrore che non ha eguali nella storia dell'umanità. Due guerre mondiali, il nazifascismo e la bomba atomica, sono state le prove che hanno anticipato il debutto della più inimmaginabile tragedia umana, che nel Liberismo Relativista incarna la quintessenza del Maligno al potere. Un potere di morte che ha tradotto ogni bellezza in carne da macello, e la nostra anima, in un desolato deserto dello spirito.

Dobbiamo dunque cercare di instillare il seme della bellezza, di cui siamo portatori, nel cuore della gente, così da potere cogliere quella scintilla divina che si cela dietro ogni singola particella del Creato. Per questo credo anch'io come Dostoevskij, che solo la bellezza può salvare questo mondo alla fine.

LA CONTAMINAZIONE DELLE ACQUE - UNO SCENARIO APOCALITTICO

Basterebbe solo il dato impressionante relativo alla contaminazione delle acque, per fare decadere ogni concetto di società, di civiltà, di progresso, di intelligenza, di giustizia, di libertà e di umanità, di cui tanto si incensano le moderne democrazie occidentali.

Oggi, se intendi sopravvivere, lavorando al chiuso di una delle migliaia di fabbriche fumanti disseminate sul tessuto connettivo del nostro paese, devi mettere nel conto la possibilità, non più remota, di morire di cancro. E lo stesso vale se intendi continuare a bere, a mangiare e a respirare. Una prospettiva che potrebbe apparire fantascientifica e inimmaginabile, se non fosse quella cruda realtà, dalla quale non ci possiamo più dissociare, sottrarre e fingere di non vedere.

La quasi totalità degli individui del mondo occidentale industrializzato, sono affetti (chi più e chi meno) da un congruo numero di patologie, organiche e neurologiche, relative all'assunzione di cibo e di acqua contaminati, e che, "i poverelli", immaginano di potere combattere facendo uso di farmaci (principi attivi) che, per la loro natura, le controindicazioni e gli effetti collaterali, non faranno che acuirne il disagio e la virulenza, vanificando ogni presunta e auspicata guarigione.

Oggi, tutta la catena alimentare è totalmente compromessa da un'infinita lista di sostanze chimiche cancerogene, prodotte in forma parossistica da altrettante fabbriche fumanti che, a fronte di interessi particolari, disperdono sul territorio e nelle acque il loro carico di morte, con la facilità di chi ottempera ad un diritto e in barba alla salute della gente comune e dell'ecosistema tutto.

Si tratta di antiparassitari, diserbanti, pesticidi, fertilizzanti, neonicotinoidi e di particolari insetticidi a base di isomeri strutturali del gruppo degli idrocarburi alogenati, come l'esaclorocicloesano (BHC), oggi presente in percentuali elevatissime nelle acque di fiumi, laghi e falde. Decine di migliaia di capi di bestiame, ogni anno, vengono abbattuti ed altri, per essere nati con malformazioni genetiche di ogni tipo .

"Nel nostro paese, se sei un imprenditore, puoi disperdere i veleni tossici della tua fabbrichetta nel fossato attiguo alla stessa e, a maggior ragione, se il corso d'acqua passa proprio da quelle parti. La sera poi, potrai declamare ai tuoi figli, il sommo inno alla natura, unica vera ragione della tua vita. "La fabbrica – dirai - l'ho fatta per voi, con sacrifici e privazioni".

Basta, non possiamo più stare a guardare, mentre nel frattempo ci ammazzano come mosche! Il problema non siamo noi, non è dentro di noi!! Non ci servono psicologi e psichiatri per curare il nostro tormento esistenziale! Abbiamo solo bisogno di acqua e aria pura, di un habitat liberato da ogni intrusione chimica, di etica, di significato di bene comune e, più in generale, di una qualità di vita sostenibile rispettosa della Madre Natura, delle sue regole ineludibili, e in armonia con tutte le forme di vita.

I crimini contro l'ambiente e la salute dei cittadini, vanno condannati attraverso pene esemplari, pragmatiche e senza sconti, proporzionali ai danni provocati, fino alla carcerazione a vita. Diversamente per noi e i nostri figli, non ci sarà alcuna speranza di salvezza.

Siamo a un punto di non ritorno, e sentire ancora parlare di "politiche industriali" come la panacea di tutti i mali e soluzione della crisi, mi procura un senso di nausea e di voltastomaco.

Entro pochi anni, le società ultra liberiste allo sfascio, dovranno fare i conti con la fame e con la sete. La "roba", non avrà più alcun valore!

Il commercio dell'acqua sarà l'affare degli affari, essendo il dono dei doni, il più nobile degli elementi e il più prezioso dei gioielli.

Nel frattempo i ghiacciai marciscono e si squagliano. Le acque dei fiumi raggiungono il mare con il loro micidiale carico di bombe chimiche e un numero infinito di fabbriche fumanti, si fottono miliardi di metri cubi di acqua, rendendola inutilizzabile e putrida, contaminando le falde più profonde: terribili guerre, causa la corsa all'approvvigionamento delle ultime riserve idriche, feriranno a morte il pianeta.

Nel prossimo decennio succederà sempre più spesso di dover decidere chi avrà diritto all'acqua: le città, i campi o i fiumi.

Contemporaneamente, il progressivo aumento della siccità, incrementerà il prelievo delle acque per usi agricoli, innescando un pericoloso circolo vizioso.

A meno acqua, poi, corrisponde una concentrazione più alta degli inquinanti a tal punto da renderla inutilizzabile per qualsiasi uso. Auguri!!!

Quella che con un eufemismo oggi definiamo "modernità", non è l'espressione di una volontà volta al bene comune, alla qualità della vita e ad un futuro migliore, ma è l'effetto collaterale grave di tutti quei comportamenti criminogeni perpetrati dal potere politico, economico/finanziario e mediatico, finalizzati all'interesse particolare e alla soddisfazione di ogni perversione. Per tutto questo, "la modernità" non è che un'immensa cloaca maleodorante: un mare di merda così grande da non scorgerne i confini. Una merda con la quale ci alimentiamo ogni santo giorno senza batter ciglio, ma che partecipiamo a produrre come vermi aggrovigliati l'un l'altro dentro questa fogna in cui è trasfigurata la nostra vita.

La grande depressione del '29 non è stata altro che un tiepido avvertimento, un monito verso un sistema che stava prendendo una brutta piega; un sistema che si credeva miracoloso e miracolato, i cui fondamenti basavano la loro esistenza sul profitto dei soliti quattro stronzi, e sull'investimento massiccio dell'ignoranza, dell'ingenuità e della buona fede delle persone.

Nel 1929, il 90% della gente viveva nelle campagne e in maniera autonoma. Per questo motivo, la grande crisi colpì un numero limitatissimo di individui - i soliti boccaloni metropolitani di sempre - che vedevano nel nuovo mondo la soluzione di ogni problema.

Oggi, in maniera diametralmente opposta, ogni singolo individuo del mondo occidentale dipende in toto dal Sistema Potere, e ha perso in modo definitivo e assoluto ogni forma di autonomia. Se il Sistema va in crisi, ogni singola tessera del Sistema va in crisi senza via di scampo.

È come un'enorme roulette, dove tutti puntano tutto sul rosso.

In verità, un Sistema così strutturato, è molto più simile a una casa da gioco d'azzardo - e non intendo dilungarmi parlando delle sue infinite controindicazioni, anche quando si ha l'illusoria sensazione che la pallina stia cominciando a girare.

La recessione è un momento di stagnazione, più, o meno lungo dell'economia in genere e dei consumi in modo particolare. Se non consumi per mancanza di soldi, le aziende producono meno e gli operai restano a casa.

Nel 29 c'era ancora tutto da produrre; eravamo solo all'inizio.

Oggi siamo alla totale saturazione. Le nostre case, i nostri solai, cantine, armadi, armadietti, discariche, cassonetti, ed ogni spazio possibile, che siano mari, fiumi o laghi, strabordano di ogni inutile e diabolica merda industriale, soffocando i nostri sogni e bruciando i cervelli dei nostri inconsapevoli ragazzi.

Cosa cazzo vuoi ancora produrre? Quale altro tumore?

Quella di oggi non è una recessione, ma solo l'inizio della fine del Sistema, che non ha tenuto conto dell'uomo in quanto tale e della sua spiritualità, ma ha perseverato in maniera codarda e blasfema, in un atteggiamento di sfida e di provocazione, di violazione e profanazione, contro le logiche, le regole e i meccanismi eterni di un disegno assodato dall'alba dei tempi.

Scappare e pregare è tutto ciò che ci resta. Io ringrazio il cielo che sia finalmente giunto il momento della resa dei conti e lo imploro perché tutto abbia fine nel tempo più breve. Che Lui abbia pietà di noi.

Nessun uomo al mondo (come ogni altra forma vivente) potrebbe sopravvivere a se stesso, se in fondo al suo cuore non celasse la flebile speranza di una dimensione oltre la vita. É un dato di fatto, oggettivo e inopinabile, che diverge da ogni interpretazione culturale, religiosa, tesi filosofica e ideologia.

Pertanto, coloro che si dichiarano atei e agnostici, appartengono a quella categoria di persone che, per paura di essere poi sconfessate dai fatti, si fasciano la testa prima ancora che qualcuno gliela rompa. Questo atteggiamento, in realtà, è una presa di posizione che ha la pretesa di essere razionale, quando, in verità è ciò che di più irrazionale una mente umana possa formulare.

Come si può del resto non credere in un sogno, quando in alternativa ci si prospetta il nulla?

L'ateismo è quello sforzo pseudo/intellettuale di natura critica, che si propone di negare l'esistenza del sovrannaturale ricavando la risposta all'interno di un ragionamento logico, razionale e meccanico.

I motivi e i vantaggi occulti che spingono l'Ateo a confutare l'esistenza di Dio o di un dio, mi sono per la gran parte oscuri.

La verità del resto non è il risultato di un'equazione di prove, ma di un desiderio prorompente e irrefrenabile, così forte, che lo vuole disancorato da ogni pregiudizio e superstizione.

Il parametro che ci consente di ottenere questo processo è Dio, o in qualunque modo lo si voglia chiamare.

Per questo motivo, l'ateismo è un "vulnus" all'interno del sofisticato meccanismo che regola le logiche del pensiero. In questo modo, le parole diventano dei codici che si vanno a sostituire alle percezioni, alle intuizioni e ispirazioni, regolatori della realtà spirituale.

Privi di questo parametro, che metaforicamente ho definito "di Dio", sarebbe impossibile discernere il bene dal male e più semplicemente, non avrebbe alcun senso esistere.

Ciò che affermo - e cioè la mancanza di un tale Assoluto Parametro -

è riscontrabile nella nostra realtà moderna, dove paure, insicurezza, frustrazione e vuoto di valori e principi, stanno facendo precipitare le nostre società occidentali dentro un relativismo imperante.

L'ateismo, è un concetto moderno che comincia a radicare nella società, parallelamente alle nuove teorie illuministe, che attraverso il mito/dogma della ragione avevano tradotto ogni comportamento e scelta a mera formula, numero ed equazione algebrica. L'ateismo dunque, attecchisce nelle società industrializzate e si espande in maniera direttamente proporzionale all'evolversi del processo tecnologico industriale.

In passato, nella società contadina, questo fenomeno era del tutto assente, se non limitato alle ovvie, scontate e retoriche eccezioni del caso, intrinsecamente incapaci e depotenziate da ogni passione ideologica in grado di produrre un movimento su larga scala.

Con la scienza moderna, la ricerca, la sperimentazione, con la psicologia, la psichiatria e la psicoterapia, si apre la strada alla frantumazione dell'IO, vivisezionando attraverso un'analisi logica, cinica e pretestuosa, le ragioni, le pulsioni, le cause e le interazioni profonde dell'individuo che ne determinano i suoi comportamenti e il disagio esistenziale. Una visione autoreferenziale che induce a un clamoroso errore di valutazione delle circostanze, dove il medico curante si prefigge di curare il frutti malati, diversamente dall'asportare di netto quelle radici dell'albero affette da uno stato di necrosi.

E poi, quali sono i motivi inconsci e i benefici psicologici che spingono un tale uomo a negare l'esistenza di Dio?

La parola di Gesù Cristo sulla presenza inconfutabile e inopinabile di un creatore di tutte le cose e padre dell'umanità, diversamente dall'essere fonte di fede e di speranza, e nonostante che la sua lapalissiana espressione trascendente ne dimostri l'esatto contrario, oggi viene mortificata nella sua autorevolezza, per degradare a mera opinione.

La natura in tutte le sue espressioni, è la rappresentazione più esaustiva degli effetti miracolosi del bene (il ciclo dell'acqua, l'alternarsi delle stagioni, dell'alba e del tramonto, l'impollinazione dei fiori, le migrazioni animali, la catena alimentare, ecc.. la nascita e la morte), che in virtù di un codice etico connaturato, regolava e monitorava gli eccessi dei comportamenti evitandone le degenerazioni; un meccanismo di auto/gestione, funzionale allo spirito di sopravvivenza del singolo, della specie e dell'ambiente tutto. Tutte le varie forme di vita esistenti sul nostro pianeta, ne sono munite e così in grado di decidere liberamente e in tutta coscienza.

Ed è tal punto perfetto e armonico il disegno universale, che solo una ragione superiore di natura eterna e acritica per definizione, può averlo compreso e concepito. Ogni forma vivente, ha la responsabilità individuale delle sue scelte, per decidere liberamente fra ciò che è bene e fra ciò che è male.

Oggi, con la demolizione dell'impianto etico, pianificato e messo in atto dal Sistema Bestia, si attua quel piano di omologazione delle coscienze e di schiavitù che ha annichilito ogni personalismo, afflato di libertà e passione, venendo così a cessare la capacità di potere decidere liberamente sulla base di parametri di riferimento oggettivi e inopinabili.

Quel miracolo che, attraverso la natura, Dio aveva dispensato agli uomini in virtù della sua bontà infinita, si è rattrappito, schiacciato dall'incontenibile pressione di quel progetto necrofilo (Il liberismo relativista) che ha sbriciolato le granitiche dighe dell'etica e ogni presupposto di felicità e di resurrezione.

Oggi Satana troneggia sul mondo, spacciando per miracoli le invalidanti scoperte tecnologiche e riversando sull'ambiente il suo sterco fetido e cancerogeno che, a breve, sommergerà per sempre le nostre vite, infamando la dignità dell'uomo e l'opera di Dio. La tecnologia è la negazione dell'etica e dell'estetica.

I principi etici, sono funzionali al nostro spirito/istinto di autoconservazione, in assenza dei quali tutto è destinato alla logica estinzione.

I "creativi" delle multinazionali farmaceutiche si inventano malattie inesistenti.

I ricercatori si inventano una ricerca inesistente.

I chimici preparano un farmaco inutile, ma tassativamente cancerogeno.

Illustri scienziati, confermano la validità del farmaco, decantandone le lodi e gli effetti miracolosi.

La propaganda poi mette in onda uno spot mirato e rassicurante per commercializzarlo al meglio.

La gente, convinta, compra il farmaco e, con il tempo, si becca un tumore.

Gli scienziati si inventano un nuovo farmaco (sempre cancerogeno) contro il tumore, divulgato da una operazione di marketing "a tambur battente".

La gente acquista il nuovo farmaco e, in seguito, dopo una lunga agonia, schiatta.

Scienziati, ricercatori, creativi, chimici e servi, creano un'associazione per la ricerca sul cancro, rastrellando soldi freschi (esentasse) alla gente, speculando sulla loro buona fede e ignoranza.

"La ricerca – dichiarano - non ha prodotto, per il momento (50 anni!!!), risultati soddisfacenti, ma siamo molto vicini ad una scoperta importante e rivoluzionaria - abbiamo solo bisogno di altro denaro".

La gente partecipa in massa a questa truffa mediatica, certa di avere assolto al proprio dovere di cittadino responsabile. L'associazione incassa e ringrazia.

"Grazie Dio Tumore, anche per quest'anno possiamo tutti stare tranquilli"; un business da 180 miliardi di euro l'anno.

Medici corrotti, disonorati, nella nuova veste di piazzisti, si prestano, in barba a ogni principio etico e deontologico, a commercializzare queste mine vaganti per soddisfare la voracità delle multinazionali farmaceutiche, pur sapendo della loro indiscussa pericolosità. Nel "Mercato Libero" questa pratica criminale è in voga da decenni.

Nel frattempo le multinazionali farmaceutiche ingrassano le loro sporche viscere e la nostra vita si consuma nel bel mezzo di un freddo oceano fatto di ansie, angosce e fobie più disparate.

I medici di turno incassano la loro miserabile tangente in attesa di un nuovo, inutile, nocivo farmaco da sponsorizzare.

"Un cittadino che mente, è solo un bugiardo - un politico che mente, è un criminale – uno stato che mente, è un regime - e più la menzogna è spudorata, più esorbitanti sono i loro guadagni"

Il Sistema Bestia non ci vuole morti! Non potremmo più consumare la sua insanguinata mercanzia, servirlo o farlo divertire mentre ci osserva come topi in gabbia, dai lussuosi fortilizi del potere! Lui ci vuole malati, infelici, inoffensivi, servi, costretti ad acquistare tutte quelle diavolerie che ci spaccia per miracolose, ma che in realtà peggiorano ulteriormente la nostra già mal concia condizione di vita, trasfigurata in una sorta di angosciante e perenne stato vegetativo!

Il Sistema Bestia, ha incentrato tutto il suo potere, sulla pratica pragmatica e metodica della menzogna, dribblando ogni ostacolo di natura etica/deontologica, così da ridurre al minimo i tempi di produzione e commercializzazione di ogni bene realizzato in serie e di ogni bisogno, con il minor dispendio di energie e di investimenti.

Perché dunque, mettere sul mercato una merendina per bambini, buona e genuina, scegliendo scrupolosamente, coscienziosamente e responsabilmente gli ingredienti, che ne garantiscano la loro assoluta qualità e i naturali principi nutritivi, quando oggi, è sufficiente affermare che è buonissima, imperdibile, fatta esattamente come quella della nonna? La menzogna ripetuta ad oltranza, paga più di ogni altra sacrosanta verità.

La menzogna, oggi, si materializza nelle promesse dei politici alla vigilia delle elezioni e negli Spot pubblicitari che propagandano gli straordinari effetti di miracolose diete, creme snellenti e farmaci taumaturgici. Si materializza nelle parole di preti in abiti principeschi dai volti emaciati e contratti dal dolore che, da esperti commedianti navigati, promettono gioia e vita eterna ai miserabili, agli afflitti, agli ammalati e ai diseredati, standosene comodamente appartati, al caldo, nei sontuosi salotti vaticani, intenti a disquisire sull'immoralità dell'uso del preservativo, e altre amenità del genere. Nell'arco di solo mezzo secolo, la menzogna è stata assimilata a pratica relazionale e comportamentale, generazione dopo generazione, fino a noi, che ne abbiamo fatto baluardo di civiltà, di progresso e di semplificazione.

Come si è venuta a creare e a consolidare una tale condizione, senza che un moto di ribellione popolare, sia insorto ad arginare una tale degenerazione?

Gli individui che compongono le moderne società liberiste, inette e rammollite, non conoscono la verità. Il loro pensiero omologato e omologante, è il risultato di un libretto di istruzioni che il "Sistema Relativista Mediatico" distribuisce loro e che, gli stessi, interpretano alla lettera in ogni suo punto, comma e nota. Questo succede, perché al di fuori di quella recinzione che circoscrive la loro apparente esistenza, non saprebbero sopravvivere. "La fuori, diversamente, l'acqua scorre immacolata dalla sorgente fino al mare e l'aria profuma di fiori di pesco, e la sera, intorno al camino, là fuori, la gente racconta storie fantastiche e i bambini spalancano per la meraviglia i loro occhioni, cavalcando cavalli alati sopra foreste primordiali popolate da elfi, gnomi e fate". Là fuori, la terra è piatta, e le stelle sono i desideri degli uomini appese al grande manto celeste. Perché, là fuori, tutto è chiaro ed evidente, e il volto del male non ha le sembianze del mendicante. Ma all'interno della Grande Gabbia, tutto è relativo. Così, il giusto e l'iniquo si confondono, la licenza si fa libertà, la contraffazione verità, il falso spodesta l'originale mentre lo scempio ambientale si fa progresso.

E intanto la bellezza si prostituisce scandalosamente alle lusinghe della perversione, del vizio e del potere.

Meglio restarsene buoni dentro la Grande Gabbia, dove tutto è già codificato e programmato, dove ogni più remoto barlume di consapevolezza e discernimento è stato cancellato, e principi e valori non sono che le parole sconosciute e vuote di un mondo perduto, di una dimensione onirica, e di un tempo eroico che fu.

Tutto questo, di contro, induce a forme di frustrazione, di depressione e di smarrimento panico, al quale, il Sistema, cerca di ovviare, mettendo a disposizione nuovi strumenti di comunicazione virtuale, atti a fare interagire in tempo reale, i vari sentimenti di rabbia, di indignazione e di immaginifiche rivoluzioni e sommosse. In questo modo il Sistema li disattiva, rendendoli inoffensivi, tenendoli impegnati e dando loro l'impressione di essere protagonisti e possibili artefici del cambiamento. Ogni soggetto è schedato, controllato e, di privato, non è rimasto nulla.

Per questa inedita specie umana, non vi è alcuna speranza di riscatto, essendo la stessa refrattaria a ogni auspicabile ribellione, e la sua volontà e reattività, ridotte ai minimi termini. La sua passione per la terra si è estinta, e la fatica per il lavoro dei campi, un ostacolo insormontabile.

Noi occidentali, in primis, non siamo altro che polli in batteria. Nella Grande Gabbia ci siamo imprigionati volontariamente, dopo averla noi stessi costruita, recidendo ogni rapporto con il mondo degli spiriti. Ogni parametro di riferimento e di comparazione logica, necessari per giungere a decifrare e definire scelte oggettive di stampo etico, sono stati per sempre cancellati dalla nostra coscienza; la nostra consapevolezza , è limitata all'area occupata all'interno della Grande Gabbia, dove tutti, trascorriamo una vita apparente .

Questo tipo di particolare schiavitù, (eccezionale nella storia dell'umanità) ha privato l'individuo, dell'alba e del tramonto, costringendolo a un'esistenza limbica, a mezz'aria fra una presente assente e un domani inesistente. Un mutante umanoide, risultato ultimo di un processo regressivo di omologazione cognitiva che, inverosimilmente, lo stesso, ha pianificato e reso operativo: un caso unico, per l'eccezionalità, nella storia dell'umanità.

Questo "singolare" esemplare umano, affetto da una particolare patologia (infantilismo cronico degenerativo), non è in grado di procurarsi il cibo, di scaldarsi, di produrre autonomamente alimenti, di soffrire e di decidere.

Un uomo privo della più remota forma di volontà, che rifiuta ogni fatica fisica, responsabilità individuale e ragione, essendosi consegnato, anima e corpo , fra le grinfie del Sistema Padrone da lui stesso partorito.

La maggior parte del suo cervello, che per milioni di anni gli ha consentito di sopravvivere, di adattarsi ed evolversi, non solo è rimasta inattiva, ma nella gran parte degli individui del mondo occidentale (nuove generazioni in particolare), è totalmente assente.

Nel frattempo il Sistema si sfrega le mani, sapendo che fuori dalla Grande Gabbia – da quella prigione – non è più in grado di sopravvivere.

Il fine giustifica i mezzi, se il risultato ottenuto non mette a repentaglio o va a sacrificare i diritti degli altri, in termini di qualità della vita, libertà, giustizia e uguaglianza.

La conoscenza "moderna" (riluttante aggettivo – strattagemma - che si propone, nell'ambiguità del suo intento di sdoganare, ogni turpitudine e nefandezza), fa il suo ingresso nella storia, parallelamente e congiuntamente alla rivoluzione industriale.

Un dato certo, ci conferma che nel mondo ogni quindici minuti viene resa nota una scoperta scientifica o tecnologica e che, curiosamente, va a coincidere (in tempo reale) con l'estinzione di una specie animale o vegetale. Questa equazione fa rabbrividire!!!

Del resto, la realtà che ci circonda, è la prova provata e incontestabile, dello scempio prodotto da tutto questo luna park dell'illusionismo scientifico e tecnologico, le cui controindicazione si accaniscono sull'ecosistema globale e sulle ragioni dell'uomo, eludendo e mortificando ogni principio etico e valore morale.

Il mondo insensato della nostra epoca, che al più presto, la storia dell'uomo si appresterà a rimuovere e occultare (perché incapace di accettare e affrontare la vergogna prodotta dal mercimonio della sua anima con il maligno), esula da ogni concetto di evoluzione e involuzione, per attestarsi come elemento di stagnazione degenerativa.

L'impossibilità, poi, di poterne comprenderne i significati e le logiche che lo hanno generato, confermano il suo livello di inconsapevolezza e una natura avulsa da ogni più remota forma di intelligenza e spirito di autoconservazione.

Diversamente da un tempo, la conoscenza ha assunto le caratteristiche della violazione, dell'invasione e della profanazione. La causa di una tale degenerazione è relativa all'introduzione dell'elemento meccanico e tecnologico che si è sovrapposto ad ogni principio etico e regola deontologica, e in grado di eludere (mercificandola), ogni oggettiva responsabilità individuale e ragionevolezza.

Gli scopi della "moderna scienza e conoscenza", procedono nella direzione opposta: interesse particolare, potere e privilegio.

L'autentica passione per la conoscenza (che attinge le sue ragioni in un concetto di bene comune), ha trasfigurato la sua originaria funzione, in curiosità ludica, compulsiva, effimera vanità, arsura di potere e facile profitto.

La modernità, in tutte le sue espressioni, è una lista infinita di ipotesi e congetture, mercificate e propagandate come miracolose e miracolistiche. I risultati sono fugaci e momentanei, e la sua potenzialità distruttiva è reale e non opinabile.

La moderna conoscenza scientifica è una dimostrazione di illusionismo applicato alla realtà, che gioca sulla percezione falsata della gente. I suoi effetti devastanti sono sotto gli occhi di tutti.

Oggi, tutto ciò che è stato definito "scienza, conoscenza e ricerca", si riduce a quel progetto di mistificazione pianificato dal Sistema Relativista, finalizzato (attraverso quelle che definisce conquiste del progresso) al consolidamento del suo perverso potere (economico e mediatico) e alla logica del profitto.

La scienza moderna, l'arte moderna, la cultura moderna (definite tali in modo da poterne giustificare, aberrazioni, incapacità e indolenza), sono le metastasi delle società liberticide e relativiste fondate sul consumismo fast food e sul facile profitto, espressioni di vuotezza, contraffazione e squilibrio.

Tutta quella infinita lista di minchionerie che sono state codificate nel tempo come verità, scoperte, conoscenza e punti di riferimento storici e di progresso (partendo dalla rivoluzione industriale a oggi), non sono che l'effimera risultanza di una morbosa curiosità figlia di un retaggio infantile e di un'effimera vanità che non ha prodotto alcun vantaggio reale e concreto né agli individui, né tanto meno all'ambiente. Contrariamente alle supposte intenzioni, tali scoperte si sono rivelate, nei fatti, drammaticamente nefaste, mortificando l'essere umano nella sua dignità e, ancor più grave, azzerando in lui ogni principio etico, valore morale e consapevolezza.

La perdita della spiritualità ha confinato l'uomo moderno dentro la logica di un ateismo frustrante.

La "legge di conservazione della massa" di Lavoisier, "la teoria della gravitazione universale" di Isaac Newton, "la teoria della relatività" di Einstein (per fare tre esempi illuminanti), non hanno contribuito in nessun modo a semplificare la vita degli individui. All'opposto, com'era prevedibile, tutto questo baraccone tecnologico si è rivelato una bufala, trasformando la nostra quotidianità in un inferno caotico e maleodorante e limitando la nostra libertà e l'autonomia. Questi sono i motivi della nostra moderna infelicità, risultato della "complicazione" che ha prodotto negli individui un persistente e pungente disagio esistenziale.

Del resto quali reali vantaggi sono scaturiti dalla scoperta della forza di gravità? Possiamo definirla una "scoperta"? Sono forse una scoperta, l'aria, l'acqua o la luce del sole? Sarebbe come affermare che è stata scoperta la vita e la morte, visto, che in assenza di gravità, nulla di tutto ciò potrebbe esistere. La teoria della relatività (calderone di congetture, ipotesi e di moderne alchimie), non ha prodotto alcun reale e pratico vantaggio in termini di quotidianità. Al contrario, ha vanificato le già poche certezze degli uomini e stimolato l'arsura di profanazione degli emeriti colleghi dell'autorevole scienziato. La bomba atomica, con i suoi effetti devastanti, è il paradigma di come la profanazione e la violazione siano oggi, sinonimo d'intelligenza e di consapevolezza dell'uomo relativo.

L'aforisma di Lavoisier "nulla si crea, nulla si distrugge, ma tutto si trasforma" non solo è una banalità, ma, in parte, non corrisponde alla realtà. E mi spiego! Se fosse come dice il simpatico Antoine, avremmo risolto il problema dei rifiuti industriali, tossici, speciali, radioattivi, cancerogeni e per questo mortali. Una tale altisonante affermazione, per avere un senso e un riscontro, deve essere attinente con la realtà del presente o, perlomeno, rientrare dentro uno spazio temporale che chiamerei "ragionevole". Usare il tempo infinito come parametro delle proprie affermazioni, è un maldestro sotterfugio. Chi potrebbe appurare, poi, che quanto affermato, sia veramente accaduto? All'infinito tutto è possibile, anche se personalmente credo che, tanto del tutto, non si trasformi. I rifiuti chimici e radioattivi, diversamente, rimangono tali, dispersi a pioggia sul territorio del nostro bel paese e nelle profondità dei mari.

L'errore di base di questi tre grandi e indiscussi "geni" della scienza, sta nell'avere voluto applicare la filosofia alla sperimentazione pratica che, nel superamento dell'impianto etico, ha degenerato in necrofilia.

È nella filosofia pura che l'essere umano raggiunge le vette più alte della conoscenza e del sapere, ed è attraverso il ricorso alla sperimentazione scientifica che ne infanga il suo fine ultimo: il bene comune.

Che tipo di scienza è, quella che definisce conquiste le atrocità, e "bombe intelligenti" le armi di distruzione di massa? Una scienza che ha prodotto masse di poveri invasati e idolatri sottomessi ai miti dell'intrattenimento, e operai dell'Ilva di Taranto che schiattano di tumore per mille euro al mese nella più totale indifferenza di tutti. Una scienza dell'illusionismo che sa fare tutto tranne ciò che serve veramente all'uomo. Una scienza che da cinquant'anni chiede soldi ai cittadini per la ricerca sul cancro, e ti ammazza ancora con il cobalto e la chemio.

In un tale mondo, non c'è posto per la giustizia, la libertà e la felicità, poiché tutte, congiuntamente, possono solo germogliare al sole di quelle società epurate da ogni elemento scientifico e tecnologico.

L'origine dell'universo è un segreto chiuso in fondo al cuore di un bambino e solo la forza dell'amore lo potrà rendere palese – e non altro.

Quale futuro possiamo mai intravedere per i nostri figli, quando una montagna di menzogne e di paure sommerge e soffoca ogni loro speranza di un futuro?

Solo se sapremo rinunciare all'effimero, all'illusorio, e alle sterili seduzioni del Sistema Bestia, potremo ritrovare la libertà perduta, e recuperare quella sana gioia che, un tempo, abbiamo barattato in cambio di una modernità canaglia e foriera di apocalittiche sventure.

GIOVANI A PERDERE

Si sente spesso dire (a sproposito) che "i giovani hanno tutto", adottando come parametro di riferimento, tutta quella lunga lista di ludica e invalidante tecnologia (immenso Luna Park dell'orrore), che sommerge e soffoca la loro quotidianità, uniformandoli e omologandoli alle perverse logiche e agli interessi del Sistema Bestia. Un sinistro meccanismo di manipolazione delle coscienze che ha alterato la loro capacità di giudizio e di critica - dove l'oggettività si fa relativismo – la libertà licenza e la verità mistificazione.

Un paradosso macroscopico, che non tiene in nessun conto quelle che sono le esigenze primarie e ineludibili dell'essere umano, né tantomeno, quei confini etici oltre i quali ogni autentico bisogno trasfigura poi in dipendenza, debolezza e disagio esistenziale.

"I giovani hanno tutto", è un vergognoso quanto ipocrita luogo comune - un ignobile trucco confezionato ad arte per colpevolizzarli, in modo che, gli stessi, si ritengano personalmente responsabili della loro condizione sociale, materiale e culturale, e quindi, la causa originaria e prima della loro incapacità di integrarsi, di evolvere e, in fine, di essere felici.

I giovani, in verità, non hanno proprio nulla, depredati e defraudati del presente e del futuro, e nell'impossibilità di attingere alle esperienze di quel recente passato che li ha consegnati al totale permissivismo, spacciandolo per benessere, progresso e civiltà: addomesticati, inquadrati, svuotati di ogni loro personalità, così da renderli inoffensivi e ubbidienti, privi di ogni impulso rivoluzionario, immaginazione, sussulto e personalismo.

Sono questi i nostri giovani: una folla di schiavi al servizio di un Sistema che li ha indotti inverosimilmente a ritenersi liberi. Individui lontani da ogni vera gioia, emozione e passione - mutilati nel corpo e nello spirito – resi apatici e indolenti, privi di scale di valori, principi etici, punti di riferimento, morale e timore di Dio. Individui ai quali è stata sottratta la forza di volontà, la consapevolezza, il piacere della fisicità, mortificato il lavoro della terra, l'amore ancestrale per la natura, il significato stesso della vita e la comprensione della necessità della morte. Tutti così bene informati, ma ben lontani dal comprendere la verità profonda delle cose - scaraventati con violenza inaudita dentro un mondo di illusioni e di virtuali seduzioni, sull'onda della facile promessa della completa soddisfazione di ogni loro desiderio, mania e pulsione.

A loro lasciamo mari senza pesci e cieli senza uccelli - fiumi in secca, falde contaminate e milioni di ettari di territorio da bonificare. Un'eredità alla quale, ahimè, non potranno rinunciare! A loro lasciamo cibo morto, bevande gassate, merendine industriali, prodotti manipolati, montagne di spazzatura, rifiuti e scorie tossiche, ghiacciai marcescenti, scie chimiche, precarietà e disoccupazione, e una tale lista, di sostanze cancerogene, di patologie tumorali e neurologiche, da trasformare la loro vita nel più crudele degli inferni.

Se i giovani hanno tutto questo, sarebbe stato meglio per loro che non fossero mai nati.

LA RIVOLUZIONE DEL COPIA E INCOLLA

"Riempi i loro crani di dati non combustibili, imbottiscili di "fatti" al punto che non si possano più muovere, tanto sono pieni ma sicuri di essere veramente bene informati - Dopo di che avranno la certezza di pensare, la sensazione di movimento, quando in realtà sono fermi come un macigno". Ray Bradbury

L'astratta illusione di potere riscattare la nostra condizione di subalternità a Sistema con l'accesso di massa ai mezzi di comunicazione, è una mera congettura che, oggi, i fatti, avvallano tale in maniera inopinabile.

Così, ad un tratto, questa folla di pappagalli "del copia e incolla" folgorati sulla via di Damasco, come illuminati a cui è stata conferita la missione di decidere le sorti e la salvezza dell'umanità e del mondo, si prodigano dentro un sistematico quanto sterile cicaleggio globale, volto a volere suffragare e ufficializzare le tesi più bizzarre, e le conclusioni più azzardate.

Ci vuole ben altro e ben altri mezzi per rendere onore alla verità!!!

Oggi, tutti immaginano di avere capito tutto, e di potere così dettare le condizioni e le regole agli altri, forti delle conclusioni rubacchiate, trafugate al grande mare della Rete, e prese in prestito da uno zelante professionista del "copia e incolla" e in seguito, fatte proprie.

Nel frattempo gli androidi (mai come oggi omologati alla tendenza della notizia bomba dell'ultimo minuto – scoop -), pur di non correre il rischio dell'emarginazione ma ancor di più, di essere additati alla stregua di eretici, di pericolosi sovversivi e troppo diversi e distanti dall'idea dominante, e ancora più disonorevole, di non essere diligentemente "informati" sugli accadimenti del giorno o sull'orientamento dei nuovi maestri, volto al revisionismo storico e al negazionismo, si adeguano alla volontà di un regime di "aria fritta" per non dovere fare ritorno nel limbo gelatinoso di uno scomodo anonimato.

É la triste narrazione di una società che sul relativismo dei valori e dei principi etici, ha suggellato il suo perverso, progetto di schiavitù a piede libero, contando sulla natura codarda e opportunista degli individui che, alla forza di una volontà decisionale e alla dignità, hanno anteposto (senza troppo pensarci), l'inoperosità di uno stato vegetativo e, alla libertà, la licenza e la sudditanza.

Sono le pecore che si abbeverano al fiume dell'imbecillità umana, condividendo le tesi surreali di qualche mitomane senza palle in crisi di astinenza da visibilità, che fa della disinformazione (ma essendosi prima informato da fonti segretissime e secretate e più pertinenti con la sua natura di marpione!), il suo stile di vita. Uno "sgarbiano" personaggio dell'ultima ora che con l'enfasi, il tono e il vigore verbale di un gesuita d'assalto, declama la sua metodica e puntuale opera di investigazione, sventolando sotto il naso degli astanti, tesi e trame di sicuro effetto, fra la lo stupore e la meraviglia degli ebeti adoranti.

Sono i novelli predicatori del nulla di questo tempo sospeso, avulsi dal più banale concetto di conoscenza e di cultura, che sia in qualche modo riconducibile ad una loro personale e imparziale analisi delle circostanze. Gente senza spina dorsale, sussulto di orgoglio e slancio di ribellione. Sono quelli che alle ragioni di un onesto e pacato contradditorio, sbraitano e declamano, inveiscono e abbandonano la scena, brandendo come uno scettro, un promemoria di appunti e dati che minacciano di rivelare al mondo.

Solitamente, e secondo un meccanismo logico di causa/effetto, alla presa di consapevolezza corrisponde un'azione pragmatica di forza, di cambiamento dei comportamenti, una riforma delle scale dei valori e dei parametri di riferimento, sulla base degli autentici bisogni dell'uomo e del significato ultimo dell'esistenza. Ma nulla di tutto questo accade. In realtà, questa sterile opera di sensibilizzazione informatica attraverso i nuovi modelli e strumenti di comunicazione, non si traduce in nulla di concreto e, tutti, nascosti dietro il loro PC e lontani da occhi indiscreti, insistono e persistono nel conservare le proprie abitudini e dipendenze, ben lontani dall'idea di modificare anche minimamente il loro stile di vita e convinzioni.

Un branco di asini che ragliano alla luna in attesa del miracolo divino che metta fine ai loro problemi privati. Nel frattempo, alcuni degustano una velenosa merendina industriale, ipnotizzati dalla nuova puntata del "grande fratello"; altri che ucciderebbero la madre pur di non perdersi una qualsiasi partita di calcio, e risparmiano sulla spesa per rinnovare l'abbonamento a Sky; altri ancora, tentano la fortuna davanti a diaboliche macchinette mangia soldi, o giocando i numeri al lotto rinvenuti sulla porta del cesso di qualche autogrill. Psicopatici che trascorrono ore ed ore parlando al cellulare, vomitando infinite parole senza che una sola, una soltanto, sia di conforto alla loro spaziale solitudine.

A questa massa di individui decerebrati e amorfi, appartiene una gran parte di quei soggetti che a parole sembra vogliano cambiare il mondo, ma che alla resa dei conti, non sanno rinunciare a nulla.

Piaccia o non piaccia, dobbiamo prenderne atto! La capacità del Sistema Potere di avere sovvertito ogni regola, logica e ragionevolezza a suo esclusivo vantaggio, ha dello straordinario, del sovrannaturale. É stato in grado di ridurre in schiavitù e piegare al suo volere la nostra anima e il nostro spirito, di omologare i nostri comportamenti e pensieri e nello stesso tempo ci ha fatto credere di essere liberi. Un eccellente esercizio di illusionismo applicato alla realtà, dai risultati inimmaginabili e dagli effetti apocalittici. Ma un tale maleficio si spinge ben oltre il limite della comprensione umana, per sconfinare nella sfera dell'assurdo di pertinenza dell'antimateria: l'eccezione che trasfigura in regola comportamentale e relazionale dove, la licenza si fa libertà, mistificazione la verità e, il contraffatto, spodesta l'originale, ritenendolo anacronistico e obsoleto.

Se dovessimo attenerci a ciò che la Rete ci propina di questi tempi, avremmo la netta impressione di trovarci di fronte ad una imminente rivoluzione di popolo che presto esploderà in tutta la sua potenza e violenza, per riportare il tutto dentro l'alveo della ragione e del diritto. Una presa di coscienza globale sembra abbia folgorato l'umanità, scuotendola da quello stato perdurante di narcolessia etica e culturale, che da tempo la attanagliava dentro una condizione di subalternità ed emarginazione, non più sopportabili. Così, un'indignazione generale pervasa di rabbia e di vendetta, travolge come un'onda tsunami, la grande ragnatela mediatica, inondando siti, blog e social network di notizie terrificanti sullo stato del pianeta e sull'economia globale capitanata da un "nuovo ordine mondiale" che, si dice, ridurrà l'umanità in schiavitù - dati inquietanti sul lavoro, sulla disoccupazione, sulla qualità della vita – e inquinamento, amianto, centrali nucleari, vaccini, scie chimiche, signoraggio, guerre, torture, traffico d'organi, droghe, pedofilia, prostituzione, alimentazione, contaminazione, ogm, ecc; una lista talmente lunga di tragedie da oscurare ogni orizzonte di futuro.

Un quadro catastrofico che rappresenta perfettamente la nostra realtà, ma che, di fatto, nessuno è in grado di condizionare e di contrastare, occupati come siamo (così ha deciso il Sistema), a copia/incollare quella infinita lista di notizie agghiaccianti che lo stesso produce a beneficio della nostra conclamata e indiscussa stupidità.

"Se sottraessimo dal PIL tutta la "ricchezza" prodotta dalla criminalità, dall'illegalità, dal degrado ambientale, e relativa al consumo di beni superflui, lo stesso si azzererebbe, e il pianeta forse potrebbe farcela".

Fino a quando il lavoro in fabbrica ucciderà cittadini innocenti, la disoccupazione costringerà al suicidio, le industrie a produrre scorie rifiuti, non parlatemi di ripresa, di crescita e di sviluppo - Fino a quando l'aria e l'acqua e la terra non riacquisteranno la loro primordiale purezza, e i ghiacciai non si riapproprieranno delle loro vette, e tutti gli esseri viventi, della loro dignità, e l'etica, la morale e il buon senso, non torneranno a confortare il cuore dell'uomo ridando un senso alla sua esistenza, se questo non succederà, non parlatemi di ripresa, di crescita e di sviluppo ma, ancor di più, non parlatemi di democrazia e di libertà.

Abbiamo profanato il mistero della vita per scopiazzarne le sue logiche e i suoi imperscrutabili meccanismi, e in seguito riprodurli in forma sintetica a scopo di mercificazione e profitto! Il risultato finale è lo scempio che abbiamo sotto gli occhi: estinzione sistematica di specie animale e vegetale, deforestazione, patologie tumorali in crescita esponenziale, inquinamento e contaminazione, effetto serra, deriva etica e morale, gravi disturbi del sistema nervoso e bruttezza dilagante.

La moderna scienza, miope e cialtrona, ha voluto ridurre e tradurre ogni cosa animata e non a mera formula chimica, equazione algebrica e principio fisico, perché di fatto incapace di compenetrare i misteri dell'anima, della coscienza e dello spirito, che ritiene "fattori" inconciliabili e incompatibili con il suo progetto necrofilo di omologazione di massa. Queste tre entità del resto, sono sconosciute ai cervelloni della ricerca, che hanno investito ogni loro risorsa, umana e materiale, nel sondare l'infinitesimale – infinitesimale a sua volta.

E così ci si occupa di geni, di strutture genetiche, di codici genetici, anfratti genetici, manipolazioni genetiche, microscopiche entità visibili soltanto con l'ausilio di diabolici marchingegni dai costi inimmaginabili, ma che "fino in fondo", non potranno mai vedere ne scorgere il più remoto barlume di verità. Possiamo si comprendere il funzionamento elementare di alcuni meccanismi biologici e tentare infantilmente di duplicarli, ma in assenza di spirito, anima e coscienza – che sono i cardini di ogni autentica scoperta – il risultato non sarà, che una fotocopia sbiadita dell'originale, che per quanto riguarda gli elementi della vita, è un processo inimitabile soggetto a Copyright universale.

I motivi per cui la scienza moderna non ha prodotto nulla di buono, sta in questa mia considerazione!!

"Non è dunque con la bilancia che peserete l'ignoto, e non sondate con l'asta o lo scandaglio le vostre sapienti profondità". Gibran

La vita, ogni forma di vita, non è la risultante della combinazione di geni, cromosomi e affini, ne l'effetto ultimo di un fattore tecnico, ma si esprime dall'incontro di due anime, di due spiriti, di due coscienze, in assenza delle quali nulla potrebbe mai esistere.

Per tanto, tutto l'investimento riversato sulla biotecnologia si è rivelato un vero e colossale fallimento. Avremmo dovuto occuparci dell'anima e dello spirito – delle autentiche ragioni dell'uomo e dei motivi dell'esistenza: questi solo rappresentano la vera scienza che avrebbe potuto e saputo guarirci da ogni male e tormento psicologico aprendo le porte a quel mondo che porta all'armonia, alla felicità e alla comprensione del Mistero.

Abbiamo guardato il dito evitando che il nostro sguardo incrociasse il chiarore della luna, e così imboccato la via più breve e più facile; quella strada a senso unico che porta dritti all'inferno.

Credere dunque che l'individuo umano sia la logica conseguenza prodotta dall'incontro di due fattori meramente organici, è una bestialità – un'idea malsana, talmente minimalista e approssimativa, che ci da uno spaccato esaustivo del livello di ignoranza e di incoscienza in cui versa oggi, il moderno sapere occidentale. L'Incontro, non è che un tecnicismo (se pur necessario), ma se la vita non incrocia una seconda vita che ne condivida il destino, nessuna scintilla potrà mai esplodere.

Potremmo seminare buoni semi di grano fra le sabbie del deserto o fra le nevi perenni della catena himalayana, ma nulla potrà mai germogliare e crescere in una condizione inanimata. Potremmo seminare aghi di pino fra le fertili pianure del Rajasthan alle pendici dei monti Aravalli bagnate dalle acque pure e fresche del Chambal, che niente che assomigli alla vita potrà mai generarsi, da una condizione di sterilità.

I caratteri somatici che definiscono il nostro aspetto, occhi, capelli, denti, mani, unghie, piedi, i muscoli, lo scheletro, ghiandole e organi, non sono che gli orpelli di un progetto miracoloso, gli elementi funzionali a un involucro precario e provvisorio che, in assenza di queste tre entità trascendenti (anima coscienza e spirito), non avrebbe motivo di esistere, né avrebbe potuto essere programmato, e né pensato.

Lo spettacolo desolante di questo mondo alla fine, le montagne di rifiuti e scorie tossiche che stanno seppellendo le nostre esistenze, l'inquinamento dell'aria e la contaminazione delle acque, ci danno un quadro chiaro del cammino intrapreso dalla scienza moderna e di quanto sia stata nefasta per l'umanità tutta.

Il nostro, è un pianeta abitato da oltre sette miliardi di individui, una gran parte dei quali muore per denutrizione e a causa di condizioni igieniche inimmaginabili; una seconda parte si alimenta di guerre e distruzione; una terza, immaginando di vivere nel "paese dei balocchi", da sfogo alla sua ingordigia compulsiva consumando tutto ciò che di più becero il Sistema produce, e tutti insieme che si domandano se "siano soli nell'universo"!

Sì, siamo soli nell'universo, come solo è l'universo fra gli infiniti universi – ma non saremmo così soli se non fossimo così stupidi. A tal punto, che se per una remota ipotesi, si scoprisse una diversa forma di vita nello spazio, c'è da giurare che cercheremmo in tutti i modi di annientarla.

Preoccupiamoci piuttosto di smussare le asperità e ridurre le frizioni che compromettono i rapporti con gli altri, liberandoci dai pregiudizi e ideologie; evitiamo di inseguire le chimere di una scienza effimera, così da sviluppare quella solidarietà salvifica e dopante, che non solo ci farà sentire meno soli, ma tutti quanti insieme l'opera di uno speciale progetto creativo dentro il quale, ogni domanda trova la sua risposta.

La scienza moderna, non ha quindi alcun titolo di ritenersi quel soggetto trascendente, il solo a potere decretare la bontà o meno, l'efficacia o l'inutilità di qualsiasi altra tesi, teoria o visione, che sia in contrasto, in antitesi con le sue convinzioni, empiriche deduzioni e mal riposte certezze.

Questa scienza da "macelleria sociale"(una forma maniaco/compulsiva di curiosità infantile dagli sviluppi ludici) avrebbe dovuto rivolgersi all'anima e allo spirito, lasciando al corpo fisico e alle sue imperscrutabili logiche, ogni altra competenza, chiarimento e intraprendenza.

Il malato numero uno è la nostra anima, e tutti i nostri tormenti fisici, morali e psicologici, ne sono la logica conseguenza! È di lei che ci dobbiamo occupare, curare, perché diversamente non ci sarà fine al nostro dolore.

Nessun farmaco al mondo o nuova tecnologia è in grado, oggi, di placare i morsi di un tale disagio esistenziale e restituirci quella gioia di vivere e la necessaria serenità, che caratterizzava lo spirito vincente delle grandi e illuminate civiltà del passato.

La verità, è che nessuna nuova classe politica, geniale riforma o seducente e affascinante scoperta scientifica, ci potrà mai salvare dalla catastrofe economica, ambientale, sociale, umana e di valori, che come un'ombra nera si sta addensando all'orizzonte, a oscurare il futuro dei nostri figli.

A loro lasciamo mari senza pesci, cieli senza uccelli, inquietanti foreste senza vita, fiumi in secca, falde contaminate, milioni di ettari di territorio da bonificare, deserti in cammino che divorano ogni cosa, e orrore, scempio urbanistico, dubbi, paure e ignoranza.

Il tempo stringe e tutto volge al peggio! Per tanto, alla retorica e sterile indignazione deve seguire l'azione, perché la rabbia, si trasformi in vendetta e la schiavitù in libertà.

Questa guerra tra poveri che ci divide sul nulla, deve giungere al termine! La stessa, consolida il potere criminale che ci opprime e corrobora il suo progetto di omologazione.

Solo uniti si vince, solo uniti si cambia, solo uniti si spera; oltre ogni bandiera, retaggio, personalismo e insulsa dipendenza.

La sola e vera rivoluzione che può cambiare le sorti di questo mondo alla deriva, deve nascere dal profondo del cuore dei suoi cittadini, e dalla consapevolezza che ogni conquista di civiltà e di libertà, contemplano l'azione e un prezzo.

La scienza moderna, non ha alcuna attinenza con la "conoscenza", ma è il più estremo atto di profanazione che mai sia stato perpetrato nella storia dell'umanità. L'uomo senza radici del ventunesimo secolo, ha demonizzato e ripudiato quello che era il suo passato, ritenendolo obsoleto, privo di dignità e poco igienico. In verità, non c'è nulla di più lercio e raccapricciante dell'uomo senza radici. Un uomo che ha chiamato libertà la licenza, furbizia l'intelligenza e civiltà la sua schiavitù. Una forma di vita che ha devastato il proprio habitat e incenerito il suo spirito – un essere schizofrenico che espianta gli organi dai suoi simili per ricucirseli addosso - un imbecille che ingurgita le merendine della pubblicità, e che afferma, fatte come quelle di una volta!

Un maniaco ossessivo che sa tutto sui pesci e tutto sui mari, quando di pesci non ce n'è più e i mari sono cloache a cielo aperto. Sa tutto dei ghiacciai, quando gli stessi marciscono e si squagliano; tutto di ogni cosa, quando ogni cosa si estingue. Un mentecatto che manda giocattolini miliardari su Marte in nome di qualcosa che chiama progresso, e aggiunge; " presto lo colonizzeremo". Un idiota che chiama conquiste, le atrocità, e bombe intelligenti, le armi di distruzione di massa; un paranoico che vìola ogni principio etico, e si sottopone a interventi di chirurgia estetica per colmare il vuoto della sua infinita solitudine.

Un Sistema che sa fare tutto, tranne ciò che serve veramente all'uomo. Un Sistema cancerogeno che da mezzo secolo rastrella soldi ai cittadini in nome della ricerca, e ti ammazza ancora con il cobalto, la chemio e la radio-terapia. Nessuno vuole sconfiggere il cancro. A sti prezzi!

LA PAURA È UNA GABBIA

Ogni nostro gesto, atto e pensiero, è filtrato dalla paura. La paura, oggi, è il perno cancerogeno intorno al quale ruota tutta la nostra vita, metastasi di un'esistenza epurata da ogni valore, principio etico e necessario parametro di riferimento e di comparazione. Uno stato invalidante che condiziona le nostre scelte, i rapporti umani, emozioni e sentimenti.

Questa eccezionale forma di omologazione, dettata dalla paura, costringe gli individui ad adeguarsi ad una sottocultura dominante, inattiva e monolitica, senza potersi concedere slanci personalistici verso l'esterno, castrando ogni impulso liberatorio e rivoluzionario.

É la paura, l'origine prima della depressione; un tormento esistenziale che affonda le sue radici nella mancanza di autostima e personale gratificazione. Le società moderne e consumiste sono permeate da questo disagio che finisce per omologare gli individui dentro una condizione di particolare subalternità, e in molti casi di schiavitù verso l'idea dominante del Sistema Potere – oggi, unico e solo parametro di riferimento relativo.

L'uso politico della paura, brandita come arma attraverso un'opera di mistificazione della verità e di contraffazione della realtà, si prefigge lo scopo di far desistere la gente da scelte oggettive e personalismi, incompatibili con le strategie populiste e demagogiche imposte dal mercato.

La paura indotta dall'incertezza economica, dalla precarietà del lavoro, dall'assenza di futuro, dal trauma della separazione, sono tutte moderne e in parte giustificate forme patologiche di paura, indotte da una condizione sociale e ambientale già oltre i ragionevoli limiti della comprensione.

La paura di essere additato come "diverso" fa precipitare l'individuo in uno stato di angoscia persistente, e che solo un rientro nell'omologazione, può attenuare.

Un tale stato di cose non è che risultato della perdita di autonomia, di autosufficienza e, più in generale, di quella autentica libertà che trasforma in civile, una società devastata dalla barbarie.

Talvolta il sentimento della paura è molto grande e potente, incombente e spaventoso, perché senza una causa apparente e senza nome: è il vissuto di angoscia che paralizza. Dietro la morsa di tale vissuto estremo c'è l'imprevisto, l'innominato, il vuoto, il nulla!

Una delle fonti di angoscia del nostro tempo, nasce dall'assenza di una consolidata identità sociale che è trasfigurata in una marcata solitudine nei rapporti con gli altri, e nell'incapacità di riconoscerci nel consorzio umano – nell'Uno che tutti ci comprende.

La cultura prevalente, che rincorre beni materiali nel desiderio di colmare un vuoto esistenziale profondo, ci porta a questa sorta di crisi d'identità.

Era il timore di Dio un tempo, che salvaguardava l'uomo dai rischi di un crollo, quel naturale sentimento di colpa (oggi estinto per sempre), che come una spia luminosa ci segnalava l'erroneità dei nostri atti e pensieri, causa di ingiustizia e di gratuito dolore.

Per tanto, non esiste nulla al mondo di più terapeutico contro la paura, di una profonda consapevolezza della realtà che ci circonda, del valore della vita, e della necessità della morte. Se non ne comprendiamo a fondo il suo significato più alto, ogni vera libertà e passione, ci sono precluse.

Alcune religioni, ancora oggi, immuni dal cancro del liberismo relativista, conservano intatta la loro natura trascendente, adducendo nella vita, il significato di espiazione catartica e, nella morte, la liberazione da ogni conflitto, per poi ascendere, per diritto divino, verso i prati celesti della libertà cosciente e dell'eterno appagamento.

Ogni nostro disagio esistenziale, innescato da quella che, per un eufemismo, abbiamo definito, la modernità, fanno tutti capo e per vie diverse, al sentimento della paura.

"Il senso di angoscia si sperimenta in tre specifiche condizioni inerenti l'Io. Una è costituita dal pericolo che l'Io perda se stesso (non riconoscendosi nello specchio), l'altra è che l'Io sia totalmente identificato con un altro, ed infine che l'Io si divida: è la frantumazione dell'esplosione psicotica.

Nella nostra attuale società, che cambia in modo vertiginoso, i ruoli vengono meno. Non è più troppo facile identificarsi nel lavoro, nel genere sessuale, nei rapporti generazionali, nella famiglia. La conseguenza è pertanto una diffusa perdita d'identità che disorienta e che spaventa, generando una psicotizzazione di massa" L.O.

Questo è lo spaccato delle nostre moderne società liberiste, che per tale motivo, non sono in grado di aspirazioni, personalizzazioni e di rivoluzioni.

Se non ridiamo ossigeno alla residua fiammella della nostra consunta volontà, per liberarci da tutte quelle paure che condizionano la nostra vita, avremo perso l'ultima occasione, al fine di scongiurare quella tragedia umana che, come un'ombra nera, si addensa sul domani delle nuove generazioni.

LA TERRA GRIDA VENDETTA!

"Se quelli che oggi, sono i disoccupati, i cassaintegrati, i disperati, gli emarginati, i suicidi, avessero potuto disporre - per diritto di nascita - di un pezzo di terra, di una dimora, dell'accesso all'acqua, come beni irrinunciabili e inalienabili per una sopravvivenza dignitosa e libera, non saremmo qui a disperarci per la disastrosa condizione socio/economica in cui versa il pianeta, ma ancor di più, avremmo evitato quella catastrofe ambientale, etica, umana e di valori, che presto sommergerà le nostre vite – e allora si, la nostra, sarebbe una Libertà compiuta.

Ci vuole dunque una legge, che al primo articolo della costituzione, sancisca l'inderogabilità per l'individuo, di possedere un appezzamento di terreno coltivabile, dato in uso dallo Stato per trarne sussistenza e autonomia nei sempre più ricorrenti momenti di crisi economica industriale, specificando che l'Italia è una Repubblica fondata sul lavoro... della Terra.

Il denaro non è mai la soluzione – il denaro è il problema. La soluzione è qui, sotto i nostri piedi - oltre questo spesso strato di cemento".

Sull'onda dell'entusiasmo e di una novità fatta di promesse, aspettative e speranze, per una qualità di vita migliore e più felice, è stata definito, rivoluzionario, quel processo di industrializzazione che, nel solo arco di un secolo, ha sbaragliato dal campo le società contadine per imporsi come parametro assoluto di riferimento.

Ma le rivoluzioni sono portatrici di fratellanza, uguaglianza e libertà (sinonimi di felicità), in netta antitesi con quella "industriale", equivalente di, omologazione, licenza, schiavitù e catastrofe ambientale.

Tutte le promesse e le speranze, sbandierate in questo secolo, sono state disattese e umiliate. L'autonomia di un tempo, presupposto di libertà, dignità e decoro, è degenerata in dipendenza dal Sistema e, la salutare e appagante fatica dell'uomo contadino, in lavoro meccanico, frustrante e senza dignità. Per tali motivi, l'individuo umano del passato, cosciente e responsabile, si è involuto in umanoide robotizzato; un automa che si attiene rigidamente alle regole stereotipate di un libretto di istruzioni che il Sistema gli consegna al momento della sua venuta al mondo. A un tale uomo è negata la felicità.

Pensando alle nostre società moderne e all'insensatezza dei nostri comportamenti, mi è apparsa l'immagine di un padre che ha trascorso la sua vita lavorando, risparmiando e rinunciando ad ogni effimero piacere, per lasciare ai suoi figli, sicurezza materiale e dignità. Un uomo con la schiena ricurva sotto il sole, con un grande cuore colmo di valori e di inossidabili punti di riferimento che, nella sana tradizione e nella consapevolezza della brevità dell'esistenza, aveva riposto tutte le sue aspirazioni, etiche e religiose e gli intenti delle sue passioni. Poi, un giorno, il padre li lasciò, sereno e appagato, dopo averli, con un sorriso innocente salutati e ricordando loro, ancora una volta, responsabilità e doveri, affinché il senso che aveva dato alla sua vita, non fosse stato vano. I figli, accecati dalla stupidità e dalle lusinghe della città industriosa, presto abbandonarono i campi e la fattoria ma, in poco tempo, ogni risorsa si esaurì. Per sopravvivere, escogitarono i modi più abietti e deprecabili, tradendo ogni loro impegno morale e infangando, così, la memoria del padre. Una notte di pioggia e di vento, ubriachi, a bordo di una macchina di lusso rubata, precipitarono giù da un alto ponte per finire fra le acque gelide di un fiume in piena. Di loro non si seppe più nulla.

Noi, oggi, siamo quei figli, sordi, alle grida di dolore della Madre Terra, stuprata e vilipesa - ciechi, dentro il buio di un presente assente che ha privato le nuove generazioni dell'orizzonte di un futuro e, nudi, di fronte alle ragioni del nostro esistere.

Il mito tanto sbandierato della "modernità" foriero di speranze, di felicità e libertà, si è trasformato in breve tempo, nelle peggiori delle schiavitù, trasfigurando i sogni in incubi e la passione, in un esercizio compulsivo, volto alla soddisfazione sistematica di bisogni indotti, dipendenze e perversioni.

Ogni residuo sentimento di solidarietà umana, è stato cancellato dalla nostra anima, soppiantato dall'opportunismo, dall'interesse particolare e da un'inettitudine fisica e morale che non ha precedenti nella storia dell'uomo. Ansia, depressione, attacchi di panico e, tutta quella lunga lista di disturbi legati al sistema nervoso che flagellano senza sosta la nostra quotidianità condizionandone le scelte, sono gli effetti collaterali gravi dell'assenza di passione.

Nessun farmaco al mondo, oggi, può placare i morsi di un tale disagio esistenziale e restituirci quella gioia di vivere e la necessaria serenità che, in passato, caratterizzava lo spirito vincente delle società contadine - fattori indispensabili per affrontare il domani, con rinnovato entusiasmo. Un tempo erano gli strati sociali più poveri e meno abbienti a godere di un tale privilegio, proprio in virtù di una passione connaturata che si esprimeva in tutta la sua potenza, in ogni azione, che fosse creativa, pratica o di natura filosofica e spirituale.

La passione ha il potere sovrannaturale di tradurre ogni sforzo, fisico o intellettuale che sia, in autentica gioia, fonte perenne di umiltà, di pace interiore e di preghiera.

L'impulso di solidarietà, motore di aggregamento e socializzazione della civiltà rurale, affondava le sue ragioni nel cuore comune di una profonda felicità di base, autonoma e indipendente da ogni concetto di possesso, di privilegio e di stato sociale.

Senza passione, non può esistere alcuna forma di vita, essendo la nostra esistenza, una sua estensione. Il frenetico adoperarsi di api e formiche, nel loro instancabile e incessante andirivieni strutturato da regole ferree e codici etici, è l'espressione di una volontà e di un'intelligenza superiore che attingono la loro energia nel sentimento della passione.

Gli stessi "schiavi" d'Egitto innalzarono le piramidi sotto la spinta propulsiva di una smisurata passione. E non era il denaro, lo spartiacque fra la gioia e il dolore, fra la vita e la morte e fra la bellezza e l'orrore, ma quella capacità di amare e di sperare che, da sempre, aveva contraddistinto gli individui delle civiltà del passato - un mondo perfetto, messo a tacere per sempre dalla stupidità dell'uomo moderno.

La passione deterge, purifica, rigenera, forgia la volontà ed è messaggera di bellezza - trascende ogni debolezza e paura, per dare forma e contenuto alle aspirazioni umane, suggerendo all'uomo, il significato della vita.

"Quale passione, oggi, arde nel cuore di quest'uomo? Quale spirito divino alberga nella sua anima? Da quale pozzo, misura il livello della sua felicità e l'acqua di quale torrente, ristora e placa l'arsura della sua sete di conoscenza?"

L'immagine raccapricciante di quest'epoca insensata, pregna di relativismo, è la rappresentazione iconografica di un'umanità svuotata da ogni più remoto barlume di passione e di bellezza. Un mondo affollato di anime dannate che, al pari di cavallette fameliche, si agitano impazzite dentro il caos di pensieri schizofrenici, vagando avanti e indietro, senza una meta e una qualsiasi comprensibile ragione, lasciando dietro di loro, morte, dolore e distruzione. Tutto questo, ha innescato un processo di necrosi che, dal tessuto sociale, si è esteso all'ambiente tutto, compromettendo irrimediabilmente, ogni auspicabile e radicale riconversione e più remota speranza.

Per tanto, non esiste una via di uscita da una tale condizione! É partito il conto alla rovescia e, il Sistema, come una bomba a orologeria, è sul punto di esplodere. Gli individui della società delle illusioni, ricurvi sulle loro debolezze, paure, e incapaci di qualsiasi rinuncia, si sono resi responsabili e complici di quella immane tragedia che segnerà un punto di svolta radicale e di non ritorno nella storia dell'umanità.

Il male, un tempo riconoscibile e collocabile, ha assunto le sembianze della normalità, espropriando lo spirito dell'uomo, privandolo, così, della consapevolezza, del discernimento e dell'impulso passionale. Abbiamo voluto sfidare le ragioni imperiture del nostro destino, come alieni venuti da un'altra galassia, ma presto, la terra, ci ripagherà con la stessa moneta, per averla infamata e violentata.

Oggi, il Sistema Consumista Relativista ha raggiunto il suo picco massimo di perversione. A questo punto, comincia a rotolare come un grande masso, lungo la china scoscesa di quella montagna di cose effimere da lui stesso prodotte, per sfracellarsi sul fondo di un baratro di menzogne e di pura imbecillità.

Definire questo momento socio/economico, una normale crisi, è un'imperdonabile ingenuità, a dimostrazione, ancora un'ennesima volta, dell'assoluta incapacità dell'umanoide moderno, di separare la libertà dalla licenza, il giusto dall'iniquo e la forza dalla debolezza. Una tale circostanza, esula da un'interpretazione di bene e di male ma, per la sua natura relativista, si colloca all'interno di una dimensione eccezionale di pertinenza della sfera del Nulla e della percezione di Vuoto.

Non esistono, oggi, aggettivi in grado di descrivere la portata e la crudeltà dei crimini relativi, a quest'ultimo secolo e dell'opera di profanazione e di violazione sistematica, perpetrata dall'uomo tecnologico contro la natura e le sue leggi.

Il futuro dell'umanità, è stato divorato dalla voracità di un presente ipertrofico che, come un buco nero, travolge nel suo vortice le nostre esistenze.

Proprio in ragione di queste mie ultime considerazioni, posso affermare, con la certezza e il disincanto di chi ancora sa interpretare i segnali del cielo, ascoltare il tormento straziante degli spiriti della terra e le loro promesse di vendetta che, la fine di questo mondo, è prossima.

"Risuolate le vostre scarpe signori!, Mettete toppe alle vostre giacche e pantaloni e rammendate camice e calzini - non acquistate oltre l'indispensabile e l'essenziale, perché è arrivata l'ora di aiutare il Sistema a morire".

"Per definirsi civili, le nostre società devono smettere di consumare, come ad un fumatore, a cui è stato diagnosticato un cancro, di fumare, e ad un etilico, di bere".

Il primo passo verso il "cambiamento", sta nel riconvertire "l'industria agro alimentare", nella semplice locuzione, "agricoltura biologica".

Il consumatore, ha perso quella connaturata competenza (dettata da uno spirito di sopravvivenza congenito) che, un tempo, gli permetteva di discernere il salutare dal nocivo e l'originale dalla contraffazione.

La perdita della libido e della fertilità, sono la logica conseguenza di una qualità della vita a caduta libera. La moderna alimentazione, contraffatta e adulterata, è priva di ogni naturale fattore nutritivo, rigenerante e psicotropo, in sostituzione dei quali, sono stati aggiunti elementi dopanti, coloranti, conservanti, aromi, sintetici e cancerogeni. Tutti questi intrugli diabolici, misti a stress, problemi psichici, neurologici e inquinamento, si accaniscono sulle naturali e necessarie funzioni fisiologiche, fino ad azzerarle. L'assenza di consapevolezza e dei necessari parametri di discernimento, spinge gli individui a disertare ogni oggettiva capacità di scelta personale, delegando così, al Sistema, ogni loro responsabilità, etica e morale e precludendo, in seguito, la possibilità a qualsiasi reale vantaggio, pratico, pragmatico e culturale.

La stragrande maggioranza degli individui, delle società moderne, nell'arduo esercizio di acquistare un prodotto, fra mille, esposti in bella vista sugli scaffali dei supermercati, non è in possesso di alcun reale punto di riferimento al fine di addivenire ad una scelta oggettiva. Possiamo, inoltre, tranquillamente affermare che oltre il 90% di questi prodotti è il risultato di una contraffazione sistematica, divenuta pratica quotidiana e che, negli ultimi due decenni, si è attestata a carattere dominante di un'illegalità assurta a diritto e quindi, non punibile. È in base al prezzo, e alle suggestioni indotte dall'etichetta, che ognuno, poi, deciderà quale prodotto acquistare. E non per altro! Oggi, un tale atteggiamento (di chiaro stampo relativista), lo possiamo applicare a qualsiasi cosa, che siano beni materiali, stati emotivi e comportamentali o sentimenti. Cosi, con la stessa alchimia, la gente si fidanza, convive e si sposa; poi si lascia, si separa e divorzia. In verità, nessuno conosce veramente le motivazioni che hanno concorso all'unione, ne tanto meno i motivi del distacco. Questo per fare capire che, l'uomo moderno, generato dal liberismo consumista, è totalmente privo degli inossidabili punti di riferimento del passato, indispensabili al fine di comprendere e definire la qualità di un prodotto da banco e la profondità di un sentimento.

La consapevolezza dei nostri reali bisogni, la competenza nel trovare le giuste soluzioni ai nostri problemi è quel meccanismo che ci rende uomini (a tutti gli effetti), in grado di mantenere gli impegni presi, sia con gli altri che con noi stessi. Relativizzare la verità, è una pratica che porta all'autodistruzione e ci confina in un limbo gelatinoso di paranoia, frustrazione e solitudine. Per tanto, prima di pensare, dobbiamo agire essendo, la pratica, il solo strumento idoneo per affinare il pensiero positivo. Tutto il resto si traduce in inconcludente introspezione, disagio psichico, rancore e infelicità.

Ciò di cui ci alimentiamo è dunque basilare per la nostra felicità! Nel buon cibo di un tempo erano contenute particolari sostanze (o droghe endogene), ad alto contenuto nutrizionale, indispensabili per regolare meccanismi di sopravvivenza come l'alimentazione o la riproduzione, che agivano sull'umore e sul tono muscolare, dispensando forza e vigore – e tutto si traduceva in gioia, autostima e sicurezza. Il cibo prodotto con la forza delle braccia, coltivato con amore, sapienza, e nel rispetto, delle regole di una tradizione millenaria, era benedetto da Dio e alimento di speranza. Oggi, l'alimentazione prodotta e commercializzata dall'industria della Grande Distribuzione, è il risultato di una lavorazione meccanica, necro/tecnologica, praticata nel più totale disprezzo, di ogni regola passata, a fronte di un facile e veloce guadagno (fast gain) (Prodotti OGM, pompati e stressati, alterati profondamente nei loro caratteri originari).

Quei pochi ed eroici agricoltori che, ancora oggi e contro ogni logica e vantaggio, si prodigano, con dispendio di mezzi ed energie nel perseguire il cammino della qualità e della buona salute, devono soccombere, schiacciati dallo sporco gioco al ribasso dei prezzi di mercato, imposti dalle multinazionali del "Cibo Morto".

Dal canto loro, i consumatori, che potrebbero fare la differenza, in verità, non sono in possesso, di alcun termine di giudizio critico tale da potere codificare il prodotto biofilo dal necrofilo. Così, si rivolgono alla Grande Distribuzione, acquistando quanto di peggio si trovi sugli scaffali del supermercato. Certo, la condizione economica non aiuta! Ma se si rinunciasse al superfluo, all'effimero e al voluttuario, e la smettessimo di inseguire le chimere, di una pubblicità canaglia, potremmo investire questi risparmi, sulla qualità di una vita più sostenibile e quindi, più sana e felice. Oggi, questa infelicità, si ripercuote sulla nostra vita quotidiana, e sulla società tutta, alterandone i rapporti e condizionando affetti, sentimenti ed emozioni. Tutto questo è relativo a un disagio cronico e frustrante che annulla in noi ogni sentimento di solidarietà umana e di speranza futura, surrogando invidia, rancore, contrasto e odio. La xenofobia e del resto il razzismo, non sono altro che il prolungamento di una profonda infelicità di base, a tal punto frustrante da rasentare la disperazione.

Se vogliamo sopravvivere al "Sistema Bestia", dobbiamo liberare l'agricoltura da ogni rapporto con l'industria e, la politica, dagli imprenditori. Nessuna sostanza chimica deve più contaminare i naturali prodotti della terra. Fertilizzanti, diserbanti, pesticidi, coloranti, conservanti, dopanti, aromi e affini, devono sparire per sempre dal nostro vocabolario alimentare. L'industria chimica, la peggiore fra le moderne calamità, deve chiudere i battenti per sempre. Lo stesso ragionamento vale per la politica!

Pertanto, vanno smantellate le concentrazioni di potere e ogni forma di speculazione vanificata, che da troppo tempo, condizionano le regole del mercato a scapito di produttori e consumatori. Questa, che è la parte marcia della filiera alimentare, deve essere asportata come un cancro maligno, per essere integrata dal lavoro pulito di migliaia di persone che, dall'industria della chimica, si riversano nell'agricoltura tradizionale. Il prezzo di ogni prodotto, deve essere deciso all'origine dal produttore che, finalmente, comincerà ad assaporare i frutti della sua fatica. Questa operazione di bonifica (o meglio di "derattizzazione"), innescherà fiducia e voglia di fare meglio, con beneficio dei consumatori. Tutti quegli intermediari parassiti, un tempo in affari con l'Industria agro alimentare, svaniranno magicamente e, costretti a rimboccarsi le maniche, comprenderanno il sacrificio per un onesto e dignitoso guadagno.

Se la risposta all'interrogativo sull'origine dell'universo fosse per l'umanità una questione di vita o di morte, le sole persone alle quali dovremmo opportunamente evitare di chiederlo, sono gli scienziati e i ricercatori.

Questa categoria di moderni cialtroni e venditori di fumo in camice bianco, al soldo delle multinazionali, sono stati in grado nel solo arco di mezzo secolo (e dobbiamo dargliene atto) di trasformare questo pianeta, da sempre immacolato, in un supermercato dell'orrore, surclassando così ogni primato in fatto di catastrofi, indotte dall'azione dall'uomo.

Luminari, filosofi, letterati, sociologi e antropologi, fanno domande sulle cause che hanno prodotto le nostre società moderne, e sui loro effetti nefasti nei confronti degli individui e dell'ambiente tutto. La risposta a un tale quesito va ricavata dalla lettura delle Sacre Scritture, che in forma di metafora, collocavano l'inferno al centro della terra, all'opposto del paradiso, situato nell'alto dei cieli.

L'inferno, solitamente identificato con un mondo oscuro dominato dalle fiamme e dalle tenebre e sotterraneo, è collegato all'operato del Dio e della creatura superiore che ha originariamente introdotto nella Creazione l'errore, la menzogna, il peccato, e in definitiva, "il principio distruttivo dell'ordine delle cose". Tale creatura superiore si identifica nel diavolo – nella divinità del male. Il paradiso, diversamente, indica un luogo di piacere finale, sereno, e non soggetto al trascorrere del tempo caratterizzato da pace e felicità.

Questa differenziazione di merito fra le due dimensioni metafisiche (distinzione relativa, alla loro diversa funzione) non è casuale ma terribilmente profetica, individuando nel sottosuolo terrestre (inferno - posto in basso) la causa della nostra condanna, mentre, nella zona aerea celeste, le ragioni della nostra salvezza. Pertanto, l'errore (o peccato originale) che ha innescato questo processo degenerativo della coscienza umana, si consuma agli albori della Rivoluzione Industriale, quando in virtù delle nuove invenzioni e dell'Energia necessaria al loro funzionamento, l'uomo (in maniera del tutto innaturale) ha rivolto la sua attenzione alle profondità della terra, mettendo così in atto quell'opera di profanazione e di violazione che, in seguito, ha sancito la sua condanna.

Se siamo in grado di dare un'interpretazione logica, corretta e conseguente alla narrazione biblica riguardo a questo tema, possiamo dedurne il suo significato più remoto: l'Energia profonda è di natura maligna e quindi distruttiva, l'Energia alta è di natura divina, creatrice e salvifica. L'inferno quotidiano che oggi sta divorando i residui barlumi di felicità e di speranza di un'umanità smarrita (defraudata da ogni principio etico e morale, e avvolta dalle tenebre di una persistente paura esistenziale), è l'ovvia conseguenza indotta dal superamento dei ragionevoli limiti, al di la dei quali, ogni felicità trasfigura in orrore. Questa subdola "modernità" ne è la conferma inopinabile: la prova del nove che prescinde da ogni altra considerazione.

Petrolio, gas, carbone, minerali e materiali radioattivi, che come in preda ad un'arsura nevrotica abbiamo sottratto senza sosta al sottosuolo terrestre, sono la rappresentazione iconografica dello "sterco del Diavolo", in cambio del quale abbiamo barattato la nostra anima e il futuro delle nuove generazioni. Abbiamo scoperchiato il "vaso di Pandora" e liberato quella maledetta energia, che la Volontà creatrice aveva da sempre, sotterrato e imprigionato sotto i nostri piedi.

Così ogni cosa è stata contaminata e violata; ogni acqua, ogni terra e ogni aria. Il cuore dell'uomo si è incenerito sotto la luce rovente della modernità e le passioni, i sogni, i sentimenti, atmosfere ed emozioni, si sono dissolte come fumo nel vento.

La Rivoluzione Industriale si è presto trasformata in una rovente fucina, dove Satana in persona ha forgiato a sua immagine e somiglianza, l'originaria natura umana, depotenziandola da ogni slancio creativo ed impulso passionale.

Il problema dell'uomo "moderno" sta nell'ordinamento sociale non adeguato alle sue reali e naturali potenzialità e aspirazioni, negandone così la sua autenticità e lo scopo. È interessante la conclusione di Erich Fromm quando afferma, che così come esiste una "follia a due", esiste anche una "follia a milioni". Il fatto che milioni di individui condividano gli stessi vizi non fa di questi delle virtù.

Una società sana deve sviluppare quelle condizioni che possano promuovere la salute mentale e quindi favorire prospettive, progetti e obiettivi, sostenendo la tendenza dell'uomo ad amare i propri simili, anziché creare condizioni di divisione e di competizione.

L'aggressività maligna è quella pulsione irrefrenabile che induce alla spinta distruttiva, ben spiegata da Fromm nell'atteggiamento del sadico, il cui desiderio è trasformare una persona in un oggetto, in un elemento di possesso, su cui esercitare la propria volontà dispotica e oppressiva. Per il sadico, l'annientamento dell'altro è la gioia più grande che va oltre il piacere d'infliggere sofferenza. In quest'ottica si delinea quindi, quello che Fromm definisce, un atteggiamento necrofilo dove la tendenza di vita (insita nel biofilo) è progressivamente ridotta fino a farla diventare inanimata; questo amore e questo tendere verso l'inanimato è definito da Fromm, necrofilia. Quello che emerge dall'analisi di Fromm è che l'aggressività e la distruttività umana risentono delle condizioni ambientali e della struttura del sistema sociale stesso, in cui l'individuo nasce, cresce, matura.

Da qui le risposte potenziali sono due: la prima è la sindrome alla vita; ma quando l'uomo viene soppresso, frustrato e alienato, l'altra risposta che è in grado di dare, è di tipo distruttivo, regredendo verso stadi inferiori e volgendo alla necrofilia che porta inesorabilmente alla sindrome che ostacola la vita. Lo stesso "Futurismo" si offre all'era elettromeccanica e aderisce alla storicizzata avversione di stampo "barocco", verso una "natura" naturale in trasformabile. Sarà proprio l'amore incondizionato verso la natura artificiale (in qualche modo privata dei suoi attributi vitali) a far insorgere in uno studio di Erich Fromm "Anatomia della distruttività umana" (assolutamente da leggere!), il sospetto che, Marinetti, insieme ad altri casi famosi analizzati, come Hitler o Churchill, fosse affetto da tensioni necrofile. La necrofilia può essere descritta come l'attrazione per tutto quanto è morto, putrido, marcio, malato; un impulso volto a trasformare quel che è vivo in qualcosa di non vivo, a distruggere per il piacere di distruggere; l'interesse esclusivo per tutto quanto è puramente meccanico e la passione di "lacerare le strutture viventi".

Secondo Fromm la necrofilia si manifesta con l'amore per le macchine, per tutto ciò che non è vivo, l'avversione per le persone, gli odori, i sapori, i colori, e per tutto ciò che ricorda la vita. La tecnica, che rappresenta la base su cui poggia l'organizzazione dei sistemi industrializzati, è strettamente legata alla spinta distruttiva della necrofilia. L'escalation della capacità distruttiva delle armi e la possibilità di evitare il contatto fisico con la vittima offerta dal progresso scientifico, rende profondamente impersonale il dare la morte ad un altro essere umano, specialmente in caso di guerra. Fromm ipotizza il caso estremo di un soldato addetto a sganciare una bomba nucleare da un aeroplano: la consapevolezza dell'atto di uccidere è quasi inesistente, e la differenza fra la morte di una, dieci o un milione di persone (non essendo percepibile dall'esecutore) non ha nessuna rilevanza; il compito del soldato si riduce all'utilizzo corretto di una macchina (la macchina viene servita) senza che scrupoli di altro genere interferiscano a livello della coscienza.

Con la "tecnicizzazione della distruzione" avviene la rimozione del "riconoscimento affettivo completo per quello che si sta facendo", e perciò, la sua razionalizzazione. All'interno della società di massa, la necrofilia subisce una specie di evoluzione. La sua correlazione con le percezioni sensoriali dirette come l'olfatto, il tatto, il gusto, diventa sempre più modesta fino a scomparire del tutto. Gli interessi dell'uomo si trasferiscono da ciò che è naturale, spontaneo, vivo ed umano, a ciò che è artificiale, meccanico, divertente ma non gioioso. La sessualità diventa una capacità tecnica, i sentimenti sono appiattiti e talvolta sostituiti col sentimentalismo. Il controllo assoluto dell'ambiente circostante, bramato dal necrofilo, finalmente è raggiunto grazie alla tecnica, ma esso si espande a tal punto da inglobare la vita stessa dell'individuo, che a sua volta, sarà controllato dalle macchine da lui create. Il carattere distruttivo dell'uomo assume dimensioni planetarie, paradossalmente proprio per colpa dell'aumentare della sua conoscenza tecnica. Una distruttività che non si limita al presente, ma che è rivolta a un ipotetico futuro.

L'uomo cibernetico sviluppa ulteriormente il suo narcisismo diventando egli stesso uno strumento per raggiungere il successo, e quindi intensificando verso l'interno, l'investimento libidico, ma allo stesso tempo, egli allarga il proprio Sé su una realtà solo virtuale (come diremmo oggi), su cui riversare gli impulsi narcisistici. Si instaura così un altro rapporto simbiotico di dipendenza in cui la madre dell'uomo non è più la natura, ma quella 'seconda natura' che egli si è costruito; le macchine che lo nutrono e lo proteggono" – un quadro perfetto della nostra realtà.

La biblica mela, che in maniera subdola e seducente il serpente demone offre alla coppia Adamo ed Eva, venendo meno così a un patto verbale stipulato con il loro Creatore, è la metafora inequivocabile dei nostri tempi. Il mondo moderno è l'ovvio risultato della disobbedienza, della profanazione del mistero della vita, sulle cui basi il Sistema Bestia ha edificato il suo impero perverso fatto di menzogna, contraffazione, paura e relativismo.

Il mistero violato è paradigma di infedeltà verso l'impianto etico e di vanesio autocompiacimento di un Ego corrotto, che nell'incomprensione volontaria e arbitraria del Disegno Divino e delle attenuanti addotte, degenera da peccato, in reato grave per alto tradimento. Un peccato dunque imperdonabile che per la sua unicità e la straordinaria gravità, ha contemplato una pena esemplare e senza sconti. Il bisogno di amore e di amare di Cristo, è certamente di natura divina, logico risultato di una sensibilità sconfinata che in ogni gesto, in ogni soffio di vento e in ogni parola, poteva cogliere, leggere e interpretare in forma profetica, futuri accadimenti, eventi e catastrofici mutamenti.

Questa Energia che tanto esaltiamo e che contro ogni logica e ragionevolezza, vorremmo imprigionare, imbrigliare, per soddisfare debolezze, perversioni e dipendenze, è il paradigma della fine di un'umanità snaturata, svuotata della sua originaria essenza.

La sola Energia di cui abbiamo bisogno, va ricercata nella nostra volontà, nella forza, delle nostre braccia, nello spirito di solidarietà e nel comune buon senso. Siamo privi di quella passione che da sempre ha motivato e caratterizzato ogni azione umana, liberandoci dalla paura e riconciliandoci con il mistero della vita.

Il futuro dei nostri figli non risiede negli inferi del sotto suolo terrestre, ma è lì, sopra le nostre teste, nel vento che accarezza le foglie degli alberi e nella sorprendente luce del sole che riscalda i nostri cuori.

Potrai educare tuo figlio nel migliore dei modi e insegnare lui tutto il bene del mondo, ma quel giorno, la fuori, la "bestia liberista" farà carta straccia di tutto il tuo lavoro, impegno e sacrificio.

E se mai tuo figlio, miracolosamente, dovesse sopravvivere alla "bestia", allora sarà accusato di complottismo, messo all'indice e alla gogna, come eretico e rivoluzionario. E per lui sarà la fine.

Oggi, chiunque ricopra una qualsiasi carica, o occupi un posto di responsabilità e di prestigio, o più semplicemente, goda di un privilegio rispetto a tutti gli altri, deve essere prima di tutto corruttibile e parallelamente ricattabile.

Questi sono i fondamentali del Sistema! Un dogma – una pre/condizione, venendo a mancare la quale, ogni possibilità di migliorare il nostro status ci è preclusa per sempre. Il concetto di "merito" che oggi si vuole sdoganare come parametro atto a selezionare la competenza, è l'ennesima impostura del Sistema che, opportunamente, facilita la raccomandazione, il nepotismo e il servilismo.

Una persona di buon senso, colta e intelligente, ancorata a solidi principi e valori, è vista dal Sistema Potere come elemento sovversivo, capace di annichilire le sue perverse logiche, e le ragioni che regolano le società liberiste e consumiste.

- Il tuo curriculum, caro giovane, che con orgoglio (viste le ottime e lodevoli credenziali) ti appresti a sottoporre al giudizio dell'ennesimo filibustiere di turno, è paradossalmente quella indelebile macchia nera che farà carta straccia di ogni tua ambizione al fine di entrare nel mondo del lavoro. Ma se diversamente, sei in grado di produrre una fedina penale all'altezza della situazione, dove i reati per corruzione, appropriazione indebita, peculato, riciclaggio, si alternano allegramente all'associazione mafiosa, fino alla rapina a mano armata, ti puoi considerare già assunto, e così partecipare al grande business confortato dalla protezione e dalla stima dei tuoi benemeriti padrini.

Se poi sei donna, giovane e attraente hai tutte le porte aperte, ma non prima di avere soddisfatto i pruriti sessuali del tuo futuro datore di lavoro; a questo punto hai la strada spianata per intraprendere una carriera di tutto rispetto -

È questa la cruda, terribile e sconcertante realtà! E non c'è modo di contrastarla ne tanto meno di cambiarla.La nostra società è così marcia e corrotta in ogni sua cellula, che se per assurdo si riuscisse ad imporre regole ferree e pene certe, lo stesso Sistema Socio Economico Finanziario imploderebbe in breve tempo; risultato di un liberismo marcio, tiranno e senza regole, che attraverso un meccanismo perverso improntato sull'interesse particolare, sulla sistematica illegalità e sul mercimonio della dignità, consolida e rafforza il suo demoniaco potere.

Come possiamo dunque minimamente immaginare che questo branco di diavoli intenda riconvertire la sua natura maligna in bene comune così da migliorare le condizioni di vita dei cittadini? È un pensiero che non li sfiora minimamente, impegnati come sono a consolidare il loro potere e privilegi.

Le loro carriere, che siano politiche, istituzionali o imprenditoriali, sono disseminate di crimini, di tradimento, di corruzione, di intimidazione e di menzogna: tratti caratteriali di un Sistema che, nel tempo, sono assurti a pratiche comportamentali e regole relazionali.

Un altro dato caratteriale che contraddistingue questa "gang", e per affinità l' accomuna alla criminalità organizzata, è l'omertà. Come all'interno di un clan mafioso, sono soggetti ad un codice d'onore che devono applicare alla lettera, pena l'estromissione!Tutto questo, chiaramente, si riflette sul paese civile, dove la parte marcia della società si allinea al potere, emulandone i comportamenti e aggravandone così la condizione generale.

Per tanto, mio caro e onesto giovane, che dopo tanti sacrifici e rinunce ti appresti a traghettare le tue capacità, eccellenze e competenze nel mondo del lavoro, sappi che questo percorso sarà disseminato di ostacoli, lungo e doloroso, perché in cambio di quel posto dovrai sacrificare la tua dignità.

È come se noi, dopo avere trascorso la nostra vita fra i micidiali miasmi del Sistema, ci fossimo beccati una patologia incurabile e degenerativa (la sindrome da Sistema) e un'equipe certificata di luminari della scienza intorno al nostro letto di morte di un ospedale svizzero all'avanguardia, ci descrivessero punto dopo punto le cause scatenanti la nostra drammatica condizione, cominciando a elencare, "l'aggiotaggio, le scie chimiche, l'inquinamento, le speculazioni finanziarie, i titoli tossici, cospirazioni, complotti, l'effetto serra, l'alimentazione, l'elettromagnetismo" e via via, tutto quell'infinito luna park dell'orrore che caratterizza l'attuale stato delle cose e che si è accanito sulla nostra esistenza.

"Non ci sono cure" affermano in coro i cervelloni!Noi a questo punto, increduli e smarriti, noi, che nel Sistema avevamo riposto ogni nostra speranza, vorremmo saperne di più e, spinti da un irrefrenabile bisogno di capire, cominciamo ad informarci su tutto ciò che in un modo o nell'altro possa avere compromesso la nostra salute! Siamo a tal punto presi da questa smania fobica, che non troviamo più il tempo né di mangiare e né di dormire. Siamo sempre più deboli e sempre più depressi dall'inutile e spasmodica ricerca su tale questione dove, ogni delucidazione di merito, chiarimento e spiegazione, ha ulteriormente peggiorato il nostro stato confusionale, e compromesso ogni residua volontà.

La verità Vera, sta nel fatto, che noi, in quell'ospedale non ci saremmo mai dovuti entrare né tanto meno metterci nelle mani di quei "venerabili maestri" dell'imbecillità umana.La sola cosa giusta da fare era di ascoltare le ragioni profonde del nostro cuore, in attesa di una risposta semplice, banale, che non avrebbe tardato ad arrivare, rendendoci consapevoli e salvandoci la vita. In parole povere: "Mollare il Sistema una buona volta per tutte".

La dobbiamo smettere di sostenere i nostri carnefici – di renderli ricchi e potenti, avendone in cambio, disprezzo, indifferenza, e le ossa spolpate dalla voracità delle loro bocche fameliche e di stomaci senza fondo che come buchi neri, travolgono nel loro vortice le nostre vite. Ci toccano gli avanzi di un baccanale triviale e grottesco, lanciati alle spalle della loro arroganza mafiosa e che, noi, come un branco di cani randagi, addentiamo scodinzolando in attesa di un ulteriore boccone.

Abbandonare il Sistema Potere (sinonimo di necrofilia e di schiavitù), è il primo passo verso la salvezza al fine di recuperare una qualità di vita, degna e dignitosa, sobria e concreta e, al riparo da queste immonde sanguisughe.

Il Sistema, mira a dividerci, mentre noi, viceversa, dobbiamo compattarci dentro un unico blocco coeso e saldo, per convogliare al suo interno tutta la nostra indignazione, rabbia e spirito rivoluzionario. Questo immobilismo, diversamente, è indicativo del nostro livello di assuefazione al Sistema e, di una capacità critica e di ribellione, oramai defunta.

Siamo considerati e trattati alla stregua di bestie ammaestrate che ubbidiscono ad ogni ordine e subdolo desiderio del padrone, per evitare una punizione più gravosa e umiliante. Questo succede perché siamo divisi, l'uno contro l'altro, in questa guerra fra poveri stupidi, contro altri stupidi che vorrebbero arricchirsi.Che speranza abbiamo di cambiare questa realtà quando accettiamo supinamente un tale stato di cose, trasfigurando dignità in codardia e dipendenza in attenuante?

Lo stupro sarà la prossima conquista in nome della libertà?

Oltre al momentaneo e illusorio vantaggio particolare, non definirei il divorzio e l'aborto conquiste, ma dei veri e propri "escamotage" di una società che ha trasformato la licenza in libertà, la verità in contraffazione e, la devastazione dell'ambiente l'ha chiamata progresso. La società va migliorata al suo interno per essere definita civile. Non è nel trionfo del "meno-peggio", che daremo un futuro ai nostri figli. Le società moderne relativiste e opportuniste, giocano sulla diaspora del nucleo familiare, per meglio controllare, schiavizzare e far consumare. Noi dobbiamo ribellarci a questo gioco sporco. Il solo modo per uscire da questa situazione, è rimanere uniti, in primis all'interno del nucleo familiare, e solidali nel contrastare la barbarie morale e mentale del liberismo pagano.

Io combatto e combatterò per una società di famiglie unite, con tanti figli e nipoti cresciuti sotto il sole di valori imperituri (la religione non c'entra), nello spirito della solidarietà e dell'etica (sperando che ancora qualcuno, ne conosca il suo vero significato). Io sono un uomo moderno, il più moderno, e proprio in virtù di questo motivo, non racconterò mai ai miei figli del divorzio e dell'aborto come conquiste di civiltà, ma come gli effetti di un relativismo imperante. Il mio ideale politico si rifà ai valori del novecento di uguaglianza e libertà, dove nessuna "idea dominante" avrebbe mai potuto speculare sulle debolezze, e fare leva sul lato peggiore degli individui per essere, in seguito, mistificata e spacciata come un diritto.

Quando presto, lo stupro, sarà pratica comune, arriverà un Pannella del cazzo con la solita idea brillante: legalizziamolo!!!

" Tirelli mette lo stupro sullo stesso piano dell'aborto!!!"

Sì, esattamente sullo stesso piano, come farei per la catastrofe ambientale e il trapianto d'organi. Io ho la mia di testa, e nessun caprone omologato potrà minimamente scalfire le mie certezze. È vero, io ho delle certezze!!! E grazie a Dio, io penso al di fuori del Sistema, ritenendolo un elemento destabilizzante e parametro di stampo relativista, opportunista e nazifascista.

La società che ci circonda è lo schifo prodotto anche da queste che ci ostiniamo a chiamare conquiste e diritti. Nessun divorzio o aborto, stupro o droghe, trapianto di organi e "progresso", saranno in grado di migliorare la condizione dell'uomo monco moderno, né tantomeno attenuare il suo disagio esistenziale e la frustrazione relativa all'incapacità di confrontarsi con solidi punti di riferimento.

L'uomo moderno non conosce la felicità e il suo dolore sarà sempre più profondo e pungente. La causa di tutto questo è la nostra cazzonaggine.

Non vorrei essere frainteso da una sommaria, pregiudiziale e superficiale lettura di quando sopra da me affermato. La mia è una "provocazione", che ha lo scopo di scuotere le coscienze dall'accettazione preventiva e incondizionata di pratiche, relative a temi così sensibili e dal rischio di assuefazione.

Non credo nel modo più assoluto, che il concetto di civiltà, libertà e diritto, coincida con queste "conquiste", né tanto meno, che il mondo, prima d'ora fosse avvolto da un totale oscurantismo. È vero l'esatto contrario come del resto, l'immagine raccapricciante della nostra realtà, conferma in maniera incontrovertibile.

Sorrido di fronte agli esempi del prezzemolo e di ferri da calza (usati in passato per abortire), impiegati in maniera strumentale e per niente efficace, come le pistole fumanti di delitti efferati. Potrei, al contrario, portare un'infinità di esempi, di scempi, di aberrazioni, di vizi e perversioni, carta di identità del nostro quotidiano vivere, che farebbero impallidire qualsiasi passato. La verità è che siamo a tal punto dipendenti da questa realtà che ci è negata la capacità di immaginarne un'altra, diversa e conforme alla vera natura dell'uomo.

Il divorzio, l'aborto, gli anticoncezionali e affini, non sono che palliativi, e quelli che oggi, vengono platealmente definiti diritti, degli escamotages; del tutto leciti, ma sempre escamotages, che risolvono si, il problema dal punto di vista tecnico ma ben lontani dal produrre gli anticorpi necessari a contrastare la degenerazione e l'appiattimento della coscienza individuale. Dobbiamo recuperare le ragioni per un mondo giusto ritenendo, quelle che oggi sono impropriamente definite conquiste di civiltà, un'estrema forma di sopravvivenza agli attacchi mortali di una società perversa e senza futuro.

La mia avversione contro i grandi detentori di patrimoni, non deriva da un pregiudizio di fondo di stampo ideologico, ma è relativa ai mezzi e strumenti illeciti attraverso i quali li si è accumulati, e allo scopo finale che possiamo ravvisare dallo scempio umano, etico e ambientale prodotto sotto i nostri occhi.

Non cera dunque alcun bisogno di tutta questa montagna di spazzatura tecnologica, chimica e tossica, che ci ha precluso ogni autentica e appagante felicità, rendendoci un branco di invalidi e ingrassato gli stomaci senza fondo di quattro stronzi frustrati e paranoici che, come buchi neri, travolgono nel loro vortice le nostre vite!! Avevamo già tutto!!! Ma il diavolo è sempre al lavoro!!

"Il Sistema Potere è oramai refrattario ad ogni protesta sociale, forte della sua potenza di fuoco, e contando sull'incapacità dei cittadini nell'organizzare un qualsiasi movimento di rivolta popolare".

Per liberarci dalla cricca, dalla casta, dalle banche e dalla finanza, e da tutti gli affiliati a ipotetici "nuovi ordini mondiali", logge, corporazioni e consorterie, non abbiamo nulla da contrapporre, se non modificare radicalmente e in forma integrale, i nostri comportamenti abituali e quotidiani. É questo il punto!

Li potremmo denunciare pubblicamente per avere commesso i crimini più aberranti, i più perversi e inenarrabili che, niente di questo panorama apocalittico, muterebbe.

Loro se ne fottono della nostra indignazione e rabbia, dello stato sociale, del bene comune, dei diritti negati, dei soprusi e violazioni, della devastazione ambientale e di ogni cosa che riguardi nel merito la condizione di precarietà in cui versa un'umanità senza futuro.

Loro vanno dritti per la loro strada, imperturbabili, come schiacciasassi, ritenendo la nostra vita, un intralcio al loro piano di sterminio e di omologazione, e giudicano le nostre parole, un irritante e noioso cicalio.

Pensare dunque di contrastare il Sistema Potere con un atto di forza, o peggio ancora, confidando nell'uomo della provvidenza, è un'ingenuità imperdonabile!

Rispetto alla potenza di fuoco della Bestia Liberista, non siamo che un pugno di mosche, ronzanti e fastidiose che, a tempo debito, il Sistema si appresta a schiacciare. Non ci resta che abbandonarlo a se stesso, recidendo ogni canale di alimentazione che dipenda dai nostri comportamenti e scelte.

Si è resa necessaria la restaurazione di un inedito "Processo di Norimberga" giudicante tutti crimini consumati contro l'umanità e l'ambiente da questa banda di potentati dai tratti mefistofelici.

Ergo, nulla cambierà della nostra miserevole condizione, senza un'azione coordinata, pianificata e pragmatica di tutti i cittadini, uniti e compatti in una lotta di liberazione globale, innescata da una palingenesi delle nostre scelte quotidiane.

Ed è del tutto ridicolo, immaginare che qualcuno o qualcosa, che sia un uomo politico, un asino o un robot, possa contrastare una tale deriva e ribaltare lo stato delle cose a nostro beneficio e interesse. Tutti sono al "soldo" di qualcun altro, in una sorta di catena di Sant'Antonio che dalla base si dirama fino ai vertici del potere! Tutto è corruzione, tutto è collusione, profitto e merce. Tutto è follia! La sola via di uscita – e lo ripeterò fino alla nausea – sta nel riconvertire le nostre abitudini in altre e diverse, alternative a quelle fino ad oggi propagandate dal Sistema Potere. Dobbiamo per tanto ridurre i consumi all'essenziale e disertare tutta quella serie infinita di prodotti supportati da sponsor e pubblicità.

Solo così, saremo in grado di frantumare i monopoli e smantellare i gruppi di potere.

Questa è la vera rivoluzione, la sola in grado di produrre risultati realistici in un tempo relativamente breve. Ogni altra cosa, che siano manifestazioni, proteste di piazza, comitati o associazioni, volte a denunciare l'opera di imbarbarimento perpetrata dal sistema politico, finanziario e imprenditoriale, non sortiranno alcun effetto. Il Sistema Potere è oramai refrattario ad ogni protesta sociale, forte della sua potenza di fuoco e contando sull'incapacità dei cittadini nell'organizzare un qualsiasi movimento di rivolta popolare.

Che questi moderni baroni dell'ultra Liberismo, abbiano tutte le intenzioni di sterminarci, è oggi un dato di fatto inconfutabile. Respiriamo veleni, l'acqua che beviamo è un ricettacolo di sostanze chimiche, e ogni alimento è contaminato, pompato e geneticamente modificato. Il nostro sistema nervoso è a pezzi, e le più svariate e subdole patologie tumorali sono in crescita esponenziale. Non ci resta che vendere cara la nostra pelle! E a questo punto, che muoia Sansone con tutti i filistei.

PERVERTITI AL POTERE

(La prurigine erubescente dell'Io Minchia)

Attraverso una massiccia campagna di smantellamento e conseguente azzeramento dei valori e dei principi connaturati nell'uomo, anche il potere (come l'aria, l'acqua e la morale), ha subito un'opera di contaminazione, modificando la sua natura originaria. L'impianto etico che come una sentinella vigilava sui comportamenti umani, evitandone le degenerazioni, oggi, è stato rimosso per sempre e, con lui, il pungente disagio indotto e prodotto dal senso di colpa.

Oggi il potere è sinonimo di vizio, degenerazione e depravazione, connotati distintivi del Sistema Liberista che nell'appagamento del desiderio sessuale in tutte le sue forme ed espressioni, attua il suo scopo e fine ultimo.

Viviamo in una società intrisa di quotidiana volgarità che sulla mercificazione del corpo femminile e del suo indotto, ha edificato il suo impero perverso. Un corpo sempre più usato come merce di scambio, e strumento di isterica soddisfazione di perversioni, morbosità e impulsi irrefrenabili.

Questo processo di relativizzazione della verità, è il diabolico strattagemma attraverso il quale, il Sistema, attua il suo perverso piano di mercificazione delle coscienze, facendo leva sui lati peggiori dell'individuo, epurati da ogni intrusione di natura etico morale e giudizio auto/critico e sdoganandoli come nuove conquiste di libertà e progresso.

Così, la prostituzione, svincolata di fatto dalla sua condizione di emarginazione, si è trasformata, in lecito strumento di relazione, di commercio e di profitto, e di inedito ammortizzatore sociale di massa.

Questa operazione di revisionismo storico, morale, culturale e sociale, ha prodotto una società svuotata da ogni regola, limite e parametro di riferimento, scaraventandola dentro una forma oscurantismo caotico che intende negare e scalzare ogni impedimento che limiti il sistematico appagamento di ogni morbosità e suggestione.

Se l'uomo si riproducesse per scissione (senza l'intervento dell'atto sessuale - processo di riproduzione caratteristico degli organismi unicellulari), la Chiesa di Pietro, non esisterebbe.

Lo stesso, ma all'inverso, vale per il liberismo consumista relativista, che sulla mercificazione della sessualità e del suo indotto, ha edificato il suo impero perverso.

La Chiesa cattolica, investe la sua esistenza sulla negazione dell'atto sessuale e di tutto ciò che lo contempla, attribuendogli l'onta di peccato mortale punito dalla legge di Dio. L'atteggiamento radicale della Chiesa su tale questione, trova nel sacramento della confessione la sua redenzione. In questo modo, il cattolico persiste nel suo comportamento "peccaminoso", fino al giorno del perdono divino, e nella transustanziazione del pane e del vino (eucaristia) attua la comunione dei fedeli con il Redentore.

Il liberismo relativista, all'opposto, fa della sessualità il suo baluardo, trattandolo come bene primario e ineludibile.

Le bieche forme di propaganda mediatica, che si prefiggono una vendita su larga scala, fanno di questo prodotto il più consumato e gettonato da grandi e piccini.

Se il sesso non fosse oggetto di speculazione morale ed economica, sia dall'uno che dall'altro fronte, Chiesa e Liberismo farebbero la fame o non sarebbero mai divenuti: la Chiesa riaffermerebbe così, la sua originaria entità cristiana, e finalmente gli ultimi della terra, trovare vero conforto, vera pace e vera speranza, in un nuovo credo, autentico e liberatorio. Il Liberismo relativista, dal canto suo, riassorbirebbe la sua degenerazione etica, morale e spirituale, per trasformarsi, poi, in Stato di diritto.

L'intento del cattolicesimo, del resto, è di fare leva sulla paura dell'inconoscibile e sulla seria possibilità di un castigo eterno, nell'aldilà. Il Liberismo relativista, al contrario, agisce sulle debolezze e miserie della gente, con la promessa, di appagare ogni più subdolo desiderio; immortalità compresa. Per tutto questo, il fine ultimo de liberismo relativista, è il potere come mezzo di semplificazione finalizzato all'espletamento di frustranti pulsioni maniacali di natura sessuale, di vizio e di perversione.

Ecco il perché del potere dei moderni baroni dell'ultra liberismo! Una condizione di privilegio rubata, dove tutto viene relato alla erezione perpetua

volta a soddisfare i capricci e la "prurigine erubescente dell'io minchia, invaghito, affocato e affogato di sé medesimo"

L'ILLUSIONE DELLA RAGIONE

"Poi che, se la ragione domina da sola, è una forza che imprigiona; e la passione, se incustodita, è una fiamma che brucia e si distrugge". K. Gibran

Nella vita di ogni giorno, da sempre, esiste una componente dominante in grado di ribaltare e mortificare ogni supposta logica, ragione e preventiva conclusione, in virtù delle quali crediamo di controllare ogni cosa ed evento. Sto parlando del "Caso" che, a mio giudizio, esula da ogni comprensione umana per attestarsi nella sfera del divino in virtù della sua imperscrutabile volontà. Non c'è dubbio che un uso corretto della ragione, migliori l'esistenza umana ma, in nessun caso, può essere strumento di proselitismo etico, politico, religioso e culturale.

Definire l'illuminismo, un movimento filosofico, sarebbe una forzatura in quanto, il pensiero che lo ha prodotto (generato) è viziato da fattori tecnici e tecnicismi, intrinseci alla Rivoluzione Industriale. Le grandi filosofie, fondano l'autenticità del loro pensiero, proprio perché sganciate e liberate dai condizionamenti, luoghi comuni e dogmi, endemici alla realtà presente e, ancor più se, la loro natura, è di tipo scientifico e meccanico.

Il concetto cardine dell'Illuminismo è l'affermazione dell'autonomia della ragione, da ogni autorità esterna ad essa. In pratica, secondo l'illuminismo, l'uomo deve imparare a ragionare con la propria testa e a ritenere valide solo quelle verità che egli riesce ad appurare grazie alla ragione, indipendentemente da ciò che afferma la religione, l'autorità, la politica o la tradizione. In altre parole, sono ritenuti veritieri, solo quei fenomeni che possono essere dimostrati, attraverso la ragione, i sensi e un costrutto logico. Niente di più errato! Un tale ragionamento, per la sua natura utopica avventuristica, può trovare corrispondenze nel singolo o in un gruppo di eccentrici intellettuali dai nobili ideali ma, in nessun modo, trovare applicazione in un programma di massa. Tanto più, in quel preciso momento storico dove, i canti suadenti delle seducenti sirene della neo-modernità, inebriavano di aspettative un'avventura che stava cambiando radicalmente la storia dell'umanità, ma in peggio.

Il mondo contadino del passato, che rappresentava un buon 99% della popolazione, era caratterizzato dall'autonomia e dall'autosufficienza e, ogni singolo o gruppo, definiva e determinava la sua "ragion d'essere", sulla soddisfazione dei bisogni primari ed essenziali, relativi al territorio; alla sua capacità di produrre beni e privilegi (acqua, fertilità, energia) e sulla spinta propulsiva di consolidate tradizioni e ataviche credenze. Diversamente da oggi e in antitesi con le ingenue teorie illuministe, ogni ragione si era compiuta ormai da tempo, e nell'individualismo prolifico veniva sancito il sacro valore della diversità.

Prendere poi, a misura delle proprie supposte convinzioni, gli umori e i pruriti della metropoli (colta, vanesia e intellettuale), come parametro di riferimento e piattaforma di lancio verso il futuro, è stato nella storia dell'uomo, il grande errore originale e, per questo, imperdonabile. Escludere da tali intendimenti e dal processo di sviluppo, tutto il resto del mondo, delegando a uno 0,1% le sorti del pianeta, ha prodotto quel disastro globale (umano, di valori, principi e ambientale) che caratterizza le moderne società liberiste e consumiste.

La modernità, metastasi della Rivoluzione Industriale, ha separato e codificato, il passato, il presente e il futuro in tre entità assestanti, svincolate da ogni interazione e comuni finalità. Nel mondo contadino di un tempo, al contrario, queste tre entità erano fuse fra loro dentro un'unica realtà, sostanzialmente immutabile e, la proiezione del futuro era scandita dal raccolto delle messi mentre, il presente, dalla semina. Il passato, relativamente simile al presente, si esprimeva nelle commemorazioni dei propri defunti, nel ricordo, nella tradizione e nelle ricorrenze. Altro, che separasse fra loro in modo netto e autonomo, queste tre condizioni temporali, non esisteva. Era il disegno logico e perfetto di un eterno presente.

Nelle città industriose e industriali europee, questo meccanismo imperituro cominciava a venir meno, per aprirsi alle nuove teorie dell'illuminismo, e a una radicale svalutazione della realtà, postulata dal movimento nichilista russo. La Rivoluzione Industriale, dunque, segna lo spartiacque fra due mondi, opposti e contrapposti, lontani da ogni confronto e parallelismo. Così, è improprio parlare di una storia del mondo e dell'umanità ma, bensì, di due storie, di due mondi e di due umanità. Una che ha origine nella notte dei tempi e termina il suo viaggio con Rivoluzione Industriale, la seconda, generata dagli umori mefistofelici del neo Industrialesimo rampante e schizofrenico, che in pochi decenni ha fatto piazza pulita di ogni ragione, passione, tradizione e conoscenza, confinando la verità in una dimensione relativa.

Oggi, il sempre più ricorrente e gettonato leit motive del "tutto è relativo", non è che il riassunto delle infinite attenuanti, addotte a discolpa della nostra incapacità di agire in modo pragmatico, e di un'inettitudine fisica e morale dentro la quale (in maniera, infantile e ipocrita) ci siamo rifugiati. La propaganda mediatica riesce a commercializzare beni di infimo ordine, attraverso un'opera di omologazione delle coscienze, in netto contrasto con lo slogan che ci invita a consumare un supposto prodotto, per apparire diversi. L'evidente contrasto logico, si attesta, oggi, a carattere dominante, e dogma delle società moderne.

Le teorie illuministe, sono state il terreno di coltura dell'odierno liberismo che, nella contraffazione della realtà e nella mistificazione della verità (assunte a pratiche relazionali) incarnano il germe malefico dell'ossimoro al potere riducendo, la verità, ad un inquietante esercizio di relativismo.

I modelli teorici dell'illuminismo, guardavano al passato come ad un cumulo di errori, responsabile di avere prodotto una società barbara ed arretrata. Gli illuministi si immaginano proiettati verso il futuro – un futuro di luce e di progresso. Per garantire una tale innovazione e dare forma alle moderne teorie era però necessario liberare l'umanità dalla pesante "schiavitù culturale" (e spesso anche "materiale") ereditata dal passato.

L'avere demonizzato il passato, mortificandolo nella sua sostanza, sull'onda delle proiezioni futuribili indotte dalle nuove scoperte scientifiche che promettevano, giustizia, felicità e libertà per tutti, è il falso storico del pensiero illuminista.

L'obiettivo dell'illuminismo era di porre, alla base della morale e della politica, la ragione umana atemporale. Credere di rinnovare la società, spiegando alle masse che la povertà e la sopraffazione erano dovute all'ignoranza e alla superstizione, è stato un grande errore di ingenuità e di presunzione, relativo ad una scarsa comprensione di quel disegno sovrannaturale che, proprio in virtù del valore imprescindibile e imperituro della diversità, suggella la sua ragione d'essere.

A più diversità corrisponde più libertà! E questo è un principio indiscutibile!

L'illuminismo, nonostante la relativa fede e i nobili presupposti dei suoi fautori, ha dato inizio a quel processo di omologazione che, nel tempo, ha prodotto quello che oggi, è il liberismo consumista relativista, delle società occidentali.

Voltaire sostiene che, "esiste un Dio ma i dogmi religiosi, e le raffigurazioni della sua immagine, sono invenzioni umane". Diversamente da Voltaire, trovo questa tesi, alquanto riduttiva e poco avveduta, ritenendo le suddette "invenzioni", la rappresentazione iconografica del divino e della divinità; un'espressione artistica di natura spirituale, che in forma di dono votivo e commemorativo che, da sempre, ha caratterizzato l'individuo, le comunità e le grandi civiltà del passato, come momento di aggregazione, comunione e tradizione della storia del mondo. Dio esiste, in quanto, baluardo di speranza e di auspicio e, per tanto, non può accampare alcun diritto all'interno della sfera del razionalismo e della ragione illuminata, salvo l'eccezione, di volere interpretare la natura e le sue leggi, come la sua espressione ultima e la più evidente.

Se gli uomini, in nome della religione, si perseguitano e si uccidono, (continua Voltaire), questo succede per la loro ignoranza e stupidità. L'illuminismo, in realtà, è stato, un inedito movimento politico, tendenzialmente ateo e materialista che, per una semplificazione, ha coniugato (anticipandoli in forma profetica), il pensiero marxista con l'odierno liberismo, dentro un sussulto anarcoide. Tale alchimia, prodotta dalla convergenza di principi e fattori inconciliabili fra loro, ha prodotto un sincretismo gelatinoso che, nell'arco di due secoli, è mutato in perverso relativismo, trasfigurando la licenza in libertà, la furbizia in intelligenza e la menzogna in regola relazionale.

Dio, in quanto puro spirito (entità trascendente, concetto astratto), non era considerato dagli illuministi una verità assoluta, così come non godevano di molta fortuna gli altri misteri delle fedi e delle religioni. La maggior parte degli illuministi, infatti, era convinta che l'universo funzionasse, non grazie all'intervento divino, ma in virtù di un preciso meccanismo di autoregolamentazione, il ciclo perenne della natura: nascita, crescita, morte e trasformazione della materia.

Promuovere, imporre e volere "globalizzare" i lumi della ragione (pur apprezzandone le buone intenzioni), è un esercizio di illusionismo che non tiene in nessun conto le imprescindibili esigenze individuali e gli equilibri sincroni e vitali dell'esistenza essendo, la stessa ragione, per definizione, soggetta e relativa alla consapevolezza, alla capacità di discernimento, alla forza di volontà, a fattori culturali, religiosi, geografici e, più in breve, al libero arbitrio. Quando la ragione diventa razionalità e logica e le parole che presumono spiegarla, i numeri infiniti di un'equazione algebrica, il risultato finale sarà un materialismo omologante e un appiattimento culturale verso il basso, scevro da ogni individualismo, personalismo e giudizio critico.

Per non dare adito a fraintendimenti (vista la delicatezza dell'argomento trattato e il rischio di diversa interpretazione), il mio giudizio critico sulle teorie illuministe non entra nel merito del suo ambizioso quanto utopico programma, ma sugli effetti postumi che il processo industriale, e in seguito, tecnologico, hanno prodotto. Per brevità, se il mitico Voltaire potesse "buttare un'occhiata" sulla realtà odierna, si rivolterebbe nella tomba.

"Si può dunque affermare che la tolleranza della ideologia edonistica voluta dal nuovo potere, è la peggiore delle repressioni della storia umana. Come si è potuta esercitare tale repressione? Attraverso due rivoluzioni, interne all'organizzazione borghese: la rivoluzione delle infrastrutture e la rivoluzione del sistema d'informazione" - Pasolini – Scritti Corsari 1975 -

Avere previsto o più semplicemente immaginato un mondo alla mercé dei mezzi di comunicazione e mediatici e, future società che sul consumo sistematico di beni voluttuari, accreditavano la loro sopravvivenza, sarebbe stato troppo anche per Voltaire e illuminati seguaci.

"Gli italiani, continua Pasolini, hanno accettato con entusiasmo questo nuovo modello che la televisione impone loro secondo le norme della Produzione creatrice di benessere (o, meglio, di salvezza dalla miseria). Lo hanno accettato: ma sono davvero in grado di realizzarlo? No! O lo realizzano materialmente, diventandone la caricatura, o non riescono a realizzarlo che, in misura così minima, da diventare vittime. Frustrazione o addirittura ansia nevrotica sono ormai stati d'animo collettivi. Per esempio, i sottoproletari, fino a pochi anni fa, rispettavano la cultura e non si vergognavano della propria ignoranza. Anzi, erano fieri del proprio modello popolare di analfabeti, in possesso però del mistero della realtà e della ragione.

Guardavano con un certo disprezzo spavaldo ì "figli di papà", i piccoli borghesi, da cui si dissociavano, anche quando erano costretti a servirli. Adesso, al contrario essi cominciano a vergognarsi della propria ignoranza: hanno abiurato dal proprio modello culturale (i giovanissimi non lo ricordano neanche più, l'hanno completamente perduto), e il nuovo modello che cercano di imitare non prevede l'analfabetismo e la rozzezza. I ragazzi sottoproletari – umiliati – cancellano nella loro carta d'identità il termine del loro mestiere, per sostituirlo con la qualifica di "studente".

Naturalmente, da quando hanno cominciato a vergognarsi della loro ignoranza, hanno cominciato anche a disprezzare la cultura (caratteristica piccolo borghese, che essi hanno subito acquisito per mimesi). Nel tempo stesso, il ragazzo piccolo borghese, nell'adeguarsi al modello televisivo – che, essendo la sua stessa classe a creare e a volere, gli è sostanzialmente naturale – diviene stranamente rozzo e infelice. Se i sottoproletari si sono imborghesiti, i borghesi si sono sottoproletarizzati. La cultura che essi producono, essendo di carattere tecnologico e strettamente pragmatico, impedisce al vecchio "uomo" che è ancora in loro, di svilupparsi.

Da ciò deriva in essi una specie di rattrappimento delle facoltà intellettuali e morali. La responsabilità della televisione, in tutto questo, è enorme. Non certo in quanto mezzo tecnico, ma in quanto strumento del potere e potere essa stessa. Essa non è soltanto un luogo attraverso cui passano i messaggi, ma è un certo elaboratore di messaggi. È il luogo dove si fa concreta una mentalità che altrimenti non si saprebbe dove collocare. È attraverso lo spirito della televisione che si manifesta in concreto lo spirito del nuovo potere. Non c'è dubbio (lo si vede dai risultati) che la televisione sia autoritaria e repressiva come mai nessun mezzo di informazione al mondo – un virus letale e globale. Il giornale fascista e le scritte sui cascinali di slogans mussoliniani fanno sorridere; come (con dolore) l'aratro rispetto ad un trattore. Il fascismo, non è stato sostanzialmente in grado nemmeno di scalfire l'anima del popolo italiano: il nuovo fascismo, attraverso i nuovi mezzi di comunicazione e di informazione (specie, appunto la televisione), non solo l'ha scalfita, ma l'ha lacerata, violata, bruttata per sempre…."

La pedagogia assunse per gli illuministi, una dimensione importante. Se la ragione e la conoscenza fossero divenute patrimonio comune, l'umanità avrebbe fatto un grande passo avanti. Con il tempo, l'ignoranza e la superstizione si sarebbero arrese di fronte all'uomo illuminato. Le nostre moderne società sono, per la gran parte, il prodotto finale di una tale filosofia, applicata alla realtà del presente.

I filosofi illuministi erano anche degli agitatori politici, che si battevano per l'inviolabilità dei diritti dell'individuo e per il riconoscimento dei "diritti naturali" del cittadino. Il primo obiettivo di questa lotta era la libertà di pensiero e di stampa. A tutti doveva essere garantito il diritto di poter esprimere liberamente le proprie opinioni, sia in fatto di religione che di morale. Nel pensiero illuminista, sia il principio di tolleranza che la filantropia, erano centrali. Gli umanisti dell'illuminismo si ribellavano alla vecchia autorità. Credevano nel progresso culturale e tecnico, intendendo purificare la religione dal fanatismo e dalla credenza nei dogmi. La maggior parte degli umanisti del Rinascimento erano convinti cristiani, così come si consideravano anche molti degli umanisti dell'Illuminismo. l'Umanesimo, secondo la loro visione, non era altro che il Cristianesimo correttamente interpretato.

Esiste un evidente parallelo e comuni caratteristiche fra gli intellettuali illuministi di un tempo, e gli attuali riformisti. Entrambi ritengono che l'uomo, grazie alla sua intelligenza, alla ragione, alla scienza e alla tecnica, sarebbe stato ben presto, in grado di rispondere a tutte le domande fondamentali e comprendere e spiegare tutti i fenomeni (anche quelli più strani e misteriosi), risolvere tutti i problemi, e costruire una società sempre migliore.

Negli anni Ottanta, Baudrillard postulò un "capovolgimento immanente", un rovesciamento di fronte, dei significati e degli effetti, in cui le cose si trasformavano nei loro opposti. La società della produzione, stava andando verso la simulazione e la seduzione - il potere onnicomprensivo e repressivo teorizzato da Michel Foucault stava diventando il potere cinico e seduttivo dei media e della società dell'informazione. La liberazione sostenuta negli anni Sessanta era diventata una forma di schiavitù volontaria; la sovranità era passata dalla parte del soggetto a quella dell'oggetto; la rivoluzione e l'emancipazione, erano diventate i loro opposti, intrappolando gli individui in un ordine di simulazione e virtualità. Il concetto di Baudrillard di "capovolgimento immanente" era quindi una variante della "dialettica dell'illuminismo" di Horkheimer e Adorno, dove tutto diventa l'opposto. Per Adorno e Horkheimer, all'interno delle trasformazioni del capitalismo organizzato e all'avanguardia, i modi dell'illuminismo diventano una dominante dove, la cultura diventa l'industria culturale, la democrazia una forma di manipolazione di massa, e la scienza e la tecnologia, una parte cruciale di un apparato di dominio sociale. La concretizzazione dell'arte, nella vita di tutti i giorni, ha prodotto la scomparsa dell'arte stessa in quanto, fenomeno separato e trascendente.

Baudrillard definiva questa situazione "trans-estetica" e la collegava a fenomeni simili di "trans-politica", "transessualità" e "trans-economia", nei quali tutto diventava politico, sessuale ed economico. I domini, come nel caso dell'arte, perdevano la loro specificità, identità e i loro confini. Il risultato era una condizione caotica in cui non c'erano più criteri di valore, di giudizio, o di gusto, e la funzione normativa sprofondava in questa maniera in una palude di indifferenza e inerzia. Tutto si finge arte, essendo venuti meno i punti, di riferimento imperituri e i parametri di giudizio e di comparazione, necessari per differenziarla dall'oggetto.

Nella società postmoderna, tutto diventa un'immagine, un segno, uno spettacolo, un oggetto trans-estetico – nella stessa misura in cui, tutto diventa anche trans-economico, trans-politico e trans-sessuale. Nella società tecnologica, tutte le imperfezioni della vita umana e del mondo, sono convogliate verso la virtualizzazione, ma eliminate nella realtà virtuale, annullando così, la stessa realtà. Baudrillard, sosteneva che la "modernità" era priva di significato e che affermarne l'insensatezza, era liberatorio.

Gli individui che compongono le moderne società, inette e rammollite, non conoscono la verità. Il loro pensiero, omologato e omologante, è il risultato di un libretto di istruzioni che il Sistema Liberista Relativista distribuisce loro, e che, gli stessi, interpretano alla lettera in ogni suo punto, comma e nota. Ogni più remoto barlume di consapevolezza e discernimento è stato cancellato dal loro DNA e, principi, valori e doveri, sono parole sconosciute di un mondo virtuale, di una dimensione onirica e di un tempo eroico. La paura è il perno cancerogeno di un meccanismo diabolico intorno al quale ruota una esistenza svuotata di ogni significato. Tutto questo, comunque, è causa di frustrazione e depressione, disagi quotidiani a quali, il Sistema, cerca di ovviare, mettendo a disposizione degli stessi nuove forme di comunicazione atte a fare interagire in tempo reale, e solo verbale, i vari sentimenti di rabbia, di indignazione e di virtuali rivoluzioni e sommosse. In questo modo, il Sistema li disattiva, tenendoli impegnati virtualmente e dando loro l'impressione di essere protagonisti e possibili artefici del cambiamento. Ogni individuo è schedato, controllato e, di privato, non è rimasto nulla. Per l'uomo moderno, non vi è alcuna speranza di riscatto essendo la sua mente, oramai completamente plagiata e la sua volontà e reattività ai minimi termini. La passione per la terra si è estinta e la fatica per il lavoro dei campi, un ostacolo insormontabile.

Tutte quelle che oggi, insistono con il definire conquiste (che siano sociali o tecnologiche), sponsorizzate nei decenni come traguardi fondamentali e scelte ineludibili, si sono rivelate oggi, alla luce dei risultati, delle autentiche bufale, ma non solo; hanno peggiorato la condizione umana, azzerando ogni barlume di autentica felicità. Questo mio, è un dato di fatto incontrovertibile (sicuramente impopolare), che misura la felicità, usando come parametri assoluti, la qualità della vita e l'integrità dell'ambiente.

La perdita di autonomia e autosufficienza (un tempo valore fondamentale dell'illuminata società contadina), ci ha relegato dentro una schiavitù senza catene, omologando gli individui e privandoli dei personalismi, immaginazione e slanci rivoluzionari. Per il Sistema una vera pacchia!

Quel processo di semplificazione che ha traghettato l'uomo da un passato industrioso a un presente industriale, è miseramente fallito: l'autonomia di un tempo, fonte di libertà e decoro, è degenerata in dipendenza dal Sistema e, la salutare e appagante fatica dell'uomo contadino, in lavoro meccanico, frustrante e senza dignità. Gli individui ben differenziati delle società contadine, proprio in virtù della loro autonomia, disponevano di quel tempo libero (indispensabile e necessario), che dava un senso alla loro esistenza ed era motivo di socializzazione, tradizione, fantasia, pura introspezione e svago. La variabilità del tempo, li costringeva per lunghi periodi, ad abbandonare la fatica dei campi, potendo così concedersi lunghe pause di rigenerante riposo, e in occupazioni manuali/artigianali, fonte di creatività, ispirazione e consapevolezza. Oggi, con il Sistema industriale, ogni più remoto barlume di dignità è stato per sempre cancellato, e la morte (incredibilmente) è degradata ad incidente tecnico dipendente da cause umane.

L'uomo ragionevole, diversamente, muore per un calcio sferrato dal suo cavallo, per essere caduto ubriaco dal fienile o, colpito da un fulmine in una notte di tempesta, mentre cerca di radunare il suo gregge di pecore. L'uomo ragionevole, muore annegato, dopo essere caduto con la sua bicicletta in un fossato, di notte, tornando dall'osteria verso casa. Muore di fatica, dopo avere dissodato, con la sola forza delle sue braccia, un campo di patate. L'uomo ragionevole, muore soffocato dall'ultimo boccone della sua cena o, avvelenato dalla puntura di una vipera – muore per un colpo di pugnale al cuore, sferratogli dal suo acerrimo nemico, per una parola di troppo. L'uomo ragionevole, muore da uomo, perché la memoria delle sue azioni, sia da conforto per tutti quelli che lo hanno amato. L'uomo ragionevole cerca l'autonomia e la libertà, in una condizione d'autenticità, e di qualità della vita. Diversamente, meglio sarebbe per lui, vivere di espedienti e trovare ristoro, nel freddo di una baracca di lamiera e cartone, e che fosse la carità, a soddisfare i suoi bisogni, e le notti stellate, i suoi sogni.

L'uomo di quest'epoca dissennata si deve ribellare, e riappropriare dell'unica cosa che è capace di produrre miracoli, e in grado di riesumare autentiche passioni e vere motivazioni: la Terra. La Terra, è il vero potere! Il solo potere al quale possiamo serenamente sottometterci sapendo che, domani, per noi sarà un altro giorno. Un giorno nuovo, pieno di aspettative e di speranze, di sana fatica, sereno riposo e felicità.

Mai, come di questi tempi, è facile vedere come l'ignoranza omologante e la pratica relazionale della menzogna, abbiano contagiato migliaia di individui nel mondo (occidentale in primis) e in forma così virulenta.

Viviamo nell'illusione indotta di ritenerci liberi quando, di fatto, siamo relegati all'interno di un oceanico campo di concentramento che alle recinzioni ad alta tensione, ha sostituito il plagio mentale (dettato dalla propaganda mediatica), l'uniformazione delle coscienze, e una generale deresponsabilizzazione. Siamo le inconsapevoli cavie di laboratorio di un progetto di sperimentazione di stampo nazista di dimensioni planetarie, che terminerà con "LA SOLUZIONE FINALE .

Uno sterminio scientificamente programmato, che rientra in un progetto di sfruttamento integrale delle energie degli uomini asserviti (schiavi) in ragione della loro (presunta) inferiorità e inutilità. Una buona parte di loro, sono vittime innocenti e ignare del Sistema Potere, perché smarriti e incapaci di contrastare una tale opera di condizionamento e di manipolazione. Altrettanti, all'opposto, sono complici diretti, mercenari al soldo che ne sposano le logiche, per interesse particolare e smania di potere.

Ed è con l'ascesa al potere di Hitler che ha inizio questo processo: con la persecuzione sistematica degli ebrei, sino allo sterminio programmato nei campi di concentramento.

I sentimenti di ostilità e di ripulsa, crescono quando la società è in crisi o in pericolo nella sua stabilità, nella sua identità, nel suo ordine. Tali sentimenti patologici sono stati esasperati oltre ogni limite, dal Nazismo ieri, e oggi dal Liberismo.

Il Sistema Liberista Relativista, del resto, non è meno terrificante (se pur in forma diversa) del nazismo, anche se per certi versi, ancora più pericoloso e inquietante, sia per dimensioni, che per crudeltà. Non esistono anticorpi per contrastare la sua avanzata, ne punti nevralgici da colpire per ferirlo a morte.

In questo modo, la Bestia entra di diritto all'occupazione del potere – di ogni potere, e si caratterizza per la sua totale assenza di etica, cancellandone ogni suo confine, ogni buon senso e ragionevolezza, superando quel parametro connaturato di comprensione e comparazione che, un tempo, definiva il limite fra il giusto e l'iniquo – fra la verità e la mistificazione, fra la gioia e l'isteria, la vita e la morte.

Pertanto, non c'era bisogno di aspettare il 21 dicembre 2012! Nella "fine del mondo" siamo già entrati in pieno, e da tempo, conseguenza una condizione umana, oramai svuotata di ogni suo originario significato, motivo e finalità.

Non è dunque corretto parlare di profezie Maya, ma delle previsioni, delle descrizioni di ciò che sta avvenendo, e non di ciò che avverrà; è l'evoluzione (cammino, percorso) dell'uomo, che si sviluppa e muta dentro un ciclo che inizia e che poi finisce, per dare l'avvio a un nuovo ciclo che, in seguito, tramonterà.

E i maya ci avevano visto lungo, e con cognizione di causa!

Secondo le loro previsioni, già dal 1992 l'umanità vive nell'ultimo Katun (cioè gli ultimi 20 anni) – un tempo molto importante, perché è il tempo della conclusione del ciclo – il termine dei famosi 25.625 anni, che coincide con la FINE DI UN'EPOCA e non con la FINE DEL MONDO. Questo ultimo tempo di 20 anni, viene chiamato (dai Maya) "il tempo del non tempo" – quello spazio crepuscolare in cui non è giorno e non è notte, ma è prima dell'alba.Nel calendario maya, ciascun ciclo del Lungo computo temporale, corrisponde ad un'era del mondo; il passaggio da un'era all'altra è segnato da radicali cambiamenti sociali. Il ciclo, appena concluso, ha avuto inizio il 6 settembre del 3114 avanti Cristo ed è molto vicino al termine: il nuovo ciclo ha avuto inizio appunto il 22 dicembre del 2012.

Sabato 21 dicembre 2012, era l'ultimo giorno del vecchio ciclo, e questo è stato il motivo e la ragione, di tanta preoccupazione e apprensione.

Lo scopo principale del calendario, non era quello di stabilire con precisione le date degli avvenimenti (profezie), ma di raccordare le azioni degli uomini e dei capi Maya, con tutto il movimento dell'universo. L'azione doveva fondersi e armonizzare con l'equilibrio universale e le decisioni dei Re, sincronizzarsi con i ritmi cosmici. L'equilibrio era alla base di ogni decisione e relativo ai movimenti riportati nel calendario.

La nostra epoca moderna (partorita dai fumi necrofili e necrotizzanti della rivoluzione industriale - momento storico, pervaso di odio, di paura e di schiavitù, materiale e psicologica -), si è dunque chiusa con la fine dell'ultimo Katun e, precisamente: quel sabato 22 dicembre del 2012.

Da quella data in poi avremmo dovuto fare in modo di ritornare ad essere uomini pensanti e consapevoli. L'uomo dovrà rivoluzionare se stesso, il proprio pensiero e riaccordarsi a quel ritmo cosmico sincrono, per mettersi a passo con l'armonia dell'universo. Dovrà comprendere che il tutto è vivo, e che egli, è parte del tutto, nonostante l'impresa (visti i presupposti) appaia inattuabile e impraticabile.

La Fine è dunque alle porte, ma sembra che nessuno se ne occupi.

Nel frattempo i Padroni della Terra, imperturbabili, considerano nuove speculazioni finanziarie, mentre noi, impassibili e ben lontani dal mettere in atto una qualsiasi opera di riconversione strutturale, aspettiamo la fine in diretta TV, comodamente seduti sul divano delle libertà.

UN SACRIFICIO INDEROGABILE

Sento spesso dire: "Ma cosa ho fatto per meritarmi tutto questo?" Il più delle volte la nostra condizione non è relativa, a ciò che abbiamo fatto, ma è il risultato di tutto ciò che avremmo dovuto fare e non abbiamo fatto"

Siamo noi i primi, oggi, nella storia dell'umanità, a dovere rinunciare con un'azione radicale, pragmatica e senza alcun indugio, a quella folle avventura che ha caratterizzato quest'epoca liberista e che, con una leggerezza disarmante, abbiamo licenziato come modernità. Un complesso labirintico, un garbuglio inestricabile di bugie, di vergogne, di dipendenze, illusioni e supposte promesse di libertà, che ha relativizzato ogni convinzione, parametro di riferimento di comparazione, scelta e capacità di giudizio dei nostri giovani, e oscurato il loro futuro.

Oggi la vita, ci chiede disperatamente di ottemperare a quell'irrinunciabile sacrificio che non c'è più concesso di eludere o di rimandare. Siamo con le spalle al muro, messi di fronte all'oggettività delle nostre responsabilità, e di quei doveri e obblighi inderogabili, in ragione dei quali non ci è concessa più alcuna attenuante.

E se in questo preciso momento (anche se fuori tempo massimo) non daremo inizio, tutti uniti, ad un'opera di smantellamento programmatico di tutta la struttura capital/liberista, in virtù della quale il Sistema si alimenta e si ingrassa, scordiamoci le parole, futuro e libertà.

Dobbiamo liberare le nuove generazioni da quelle catene mediatiche che condizionano la loro capacità di intendere e volere, costringendoli così alla dipendenza e all'assuefazione di ogni turpitudine e nefandezza che il Sistema Potere sdogana come libertà e diritti, per facilitarne il commercio.

Pertanto i nostri figli non devono (ed è imperativo) ereditare fabbriche fumanti, territori inquinati, mari radioattivi e deforestazione. Potremo mai dire loro, che questo mondo è l'opera di Dio e che, l'orrore morale e ambientale che avvolgerà la loro vita, è frutto del progresso e della civiltà? Con quale faccia e coraggio, potremo affermare ciò? Non sarebbe meglio per loro che non fossero mai nati? Dobbiamo consegnare loro la bellezza, la giustizia e la verità; strumenti oramai consunti ma i soli, in grado di scalzare i parametri relativistici e consumistici, che hanno caratterizzato le moderne società occidentali, per sostituirli con criteri di giudizio reali e inossidabili, irriducibili punti fermi. Dobbiamo condurli per mano verso la consapevolezza, perché sappiano distinguere la libertà dalla licenza, la verità dalla contraffazione e il progresso dalla catastrofe ambientale.

Così non bastano le buone intenzioni, le opinioni, le parole, l'indignazione e il disprezzo, se poi tutto ciò a cui aspiriamo, non si traduce in fatti concreti. É l'azione individuale, l'idea vincente.

Questo mondo insensato si può cambiare rinunciando a questo mondo, e a tutto quel baraccone (luna park delle follie) di cose inutili, effimere e illusorie che sommergono la nostra quotidianità e devastano la nostra esistenza materiale e spirituale.

La dipendenza da questo Sistema, che specula sui bisogni e le debolezze degli individui (facendo leva sui loro lati peggiori), è totale.

QUELL'OPERA DI MANIPOLAZIONE CHE HA CONVERTITO LA FILOSOFIA IN NUMERI

La filosofia è l'analisi logica dei comportamenti; oggi un vezzo da perditempo che nella sostanza non produce più quella consapevolezza auspicata, capace di rivedere di riconvertire i propri ragionamenti in atti concreti, pragmatici, funzionali alla nostra felicità. Tanto più in un Sistema come il nostro, dove la stessa è applicata in forma scientifica a beneficio delle inquietanti scoperte del progresso. Una mutazione degenerativa che nel tempo (dall'alba della rivoluzione industriale ad oggi), ha ridotto il pensiero filosofico ad un tecnicismo o, in altri casi, a mero orpello intellettuale.

"Prendere la vita con filosofia", si dice di un atteggiamento volto a sdrammatizzare i contrasti, le difficoltà e le incongruenze della vita reale, gli avvenimenti e gli accadimenti, e fare delle asperità rotondità, ritenendo l'esistenza quello spazio temporale provvisorio, dove le cose si ripetono ciclicamente in forma anacronistica e retorica. Un atteggiamento saggio, che ci induce alla riflessione sui motivi dell'esistenza nel suo complesso, e sulla necessità della morte come dogma assoluto e ineluttabile, e quindi in accettazione della realtà nelle sue più diverse e molteplici sfaccettature. Pertanto la filosofia, è quella forma d'arte che spiega i motivi e le pulsioni, che determinano i comportamenti umani; la via più breve fra due punti - è pura conoscenza, e non di ciò che si è letto e appreso, ma di tutto ciò che si è ascoltato dentro di se. Ed è la sola a potere spiegare l'universo, mentre la scienza, non può che mortificarlo.

I sorrisi smaglianti e commoventi di bambini senza pane e senza acqua e, di altri, affetti dalle più diverse patologie da denutrizione e di natura igienico-sanitarie, sono il prodotto miracoloso di una filosofia dell'anima, applicata al quotidiano dove, la convinzione naturale e logica, di un altro mondo, giusto e ricco di promesse, edulcora e sdrammatizza ogni avversità terrena, fino ad accettarla come necessaria.

Ci sono almeno tre aspetti della filosofia che io considero importanti e ritengo esaustivi per comprendere questa branca del sapere superiore, e le sue implicazioni sulla società e l'ambiente.

a) La filosofia di sintesi, che è quel processo intuitivo che prescinde da un ragionamento intellettuale, ma si esplicita in forma di detto popolare, aforisma, massima e proverbio, e che le illuminate civiltà contadine di un tempo si tramandavano di padre in figlio. Una conoscenza dell'essenziale applicata alla pratica quotidiana e che, in seguito, si rifletteva sui comportamenti e nei rapporti con gli altri; un'arte della semplificazione maturata dall'osservazione acuta del mondo in tutte le sue complessità e avvenimenti, e comparata alle proprie esigenze, bisogni, necessità, al fine di comprenderne le logiche e gli scopi, migliorandone la condizione. Una filosofia, dunque, che era strettamente connessa (interdipendente) a quel rapporto simbiotico e scambio mutualistico che l'uomo aveva con la terra e la natura, e che lo ha portato al livello più alto di consapevolezza e di sapere mai raggiunti prima.

b) Esiste poi una filosofia didattica (scolastica), spesso vanesia e autoreferenziale, che attraverso l'oratoria e la parola scritta, intende insegnare e spiegare i meccanismi retorici alla base delle azioni umane, per comprenderne i significati più reconditi, le contraddizioni, e gli effetti sulla realtà. Un'introspezione critica e analitica del Se e dell'Io inconscio, che si prefigge di vivisezionare l'animo umano per ricavarne (sotto forma di testo, di saggio, di opera, e in virtù della parola scritta e dell'espressione linguistica colta), un soggetto/oggetto dimostrativo a beneficio della semplificazione. Una missione impossibile, un ginepraio di pensieri contorti, un labirinto di amenità, dentro il quale la verità soccombe, schiacciata da uno stato confusionale caratterizzato da ragionamenti schizofrenici, ipotesi e congetture.

c) Un terzo aspetto (il più nefasto), è la filosofia applicata alla scienza bio/tecnologica, come strumento di sperimentazione e di ricerca. Una visione empirica delle cose, che non ha tenuto in nessun conto tutti quei processi immateriali (anima, coscienza e spirito) che definiscono il pensiero filosofico come priorità, limitandosi alla questione dell'aspetto meramente tecnico/razionale, alle ragioni del profitto e dell'interesse particolare. Le controindicazioni insite in quest'opera di frantumazione e di sfruttamento della filosofia (esercizio di necrofilia) ha prodotto quello scempio umano, di valori ed ambientale che è sotto gli occhi del mondo intero.

LA "MONSANTO" FIGLIA PREDILETTA DI SATANA

Da una parte c'è l'industria chimica in forte espansione - dall'altra la natura, in forte estinzione! Questa equazione fa rabbrividire!! L'industria della chimica è la peggiore fra le moderne calamità, e i suoi effetti sull'ambiente tutto e sulla salute dell'uomo sono a tal punto devastanti, da essersi resa necessaria una chiusura forzata di tutte le fabbriche e il loro sistematico smantellamento.

La contaminazione del territorio, delle acque e dell'aria, ha raggiunto livelli apocalittici che sono causa delle più svariate forme di patologie tumorali, neurologiche, e di una lunga serie di altrettante malattie, disfunzioni organiche, allergie, e disturbi di varia natura, che la moderna scienza non è in grado di codificare, di comprendere, né tanto meno curare - Tutto questo "moderno dolore", è di fatto il prodotto della ricerca e dell'innovazione scientifica, le cui controindicazioni, interazioni ed effetti collaterali, superano di gran lunga i benefici promessi, propagandati e garantiti come miracolosi, innovativi, ed esclusivi. Un imbroglio galattico, un'impostura infernale che ci perseguita da decenni, architettato e pianificato in nome della logica del profitto ad ogni costo e con ogni mezzo, e che non tiene in nessun conto il diritto alla salute dei cittadini, ma si accanisce con sadico piacere sulle loro speranze.

La "Monsanto", figlia prediletta di Satana, si pone a paradigma supremo di quel concetto di distruzione e di degenerazione, che lo stesso capital-liberismo condivide nel suo DNA, come eccellenze genetiche. É la rappresentazione plastica di come il "maligno", da eccellente trasformista, pianifichi il suo progetto di sterminio, mascherandosi subdolamente sotto le vesti di un cognome dall'etimologia spagnola (Monsanto = Monte Santo), che all'apparenza interpreta un non che di sacro, di puro, incontaminato da ogni intrusione di natura malefica.

Diversamente, questa fucina del male, commercia quanto di più ingannevole si possa tramare, produrre, acquistare e consumare. Una fabbrica di morte e di dolore per definizione che, in pochi decenni, ha infettato in forma virale tutta la catena alimentare, dalla semina al raccolto. I breve, tutto il ciclo della nostra esistenza.

Monsanto è dunque un'impresa criminale, più volte condannata per la sua perversa attività industriale, in ragione di un composto tossico (PCB) miscela chimica ora proibita, ma che continua a contaminare il pianeta. Per 50 anni il PCB fu impiegato come liquido refrigerante dei trasformatori. La Monsanto, condannata per questo motivo, conosceva essere un prodotto altamente cancerogeno, ma di cui nascose le informazioni corrompendo e minacciando di morte. Non solo nasconde i dati riguardanti i suoi prodotti e ne falsifica i resoconti, ma ogni volta che scienziati indipendenti tentano di fare il loro lavoro di ricerca sui transgenici, ricevono pressioni, minacce o perdono il posto di lavoro.

La stessa storia si è ripetuta con due erbicidi prodotti da Monsanto, che formarono il cocktail chiamato "agente orange" (agente arancio) utilizzato nella guerra del Vietnam. Sapevano della sua tossicità ma lo usarono ugualmente. Non solo ne alterarono gli studi fatti per nascondere la relazione tra diossina e cancro. È il modus operandi ricorrente della Monsanto. Alcuni dicono che questo avveniva nel passato, però non è così! É un modo di ottenere profitti, ancora in uso. L'azienda non accettò mai il suo passato e le sue responsabilità. Negò sempre tutto. Questa è la sua linea di condotta. Oggi la stessa cosa accade con i cibi transgenici e il Roundup.

Tutti i semi transgenici esistenti sono controllati da sei imprese: Monsanto, Syngenta, DuPont, Dow, Bayer e Basf. Sono multinazionali del settore chimico che si impadroniscono delle compagnie di grani per controllare il mercato agricolo, vendendo semi che si legano ai pesticidi che esse producono (erbicidi, insetticidi, ecc.).

Oltre a Monsanto, tutte hanno una storia criminale che include, tra gli altri reati, gravi disastri ambientali e contro la vita umana. Tutte, una volta scoperte, hanno cercato di occultare le proprie colpe, tentando di deformare la realtà con menzogne e/o con la corruzione. Il fatto che tutti gli OGM siano omologati e che la contaminazione è un delitto efferato premeditato, significa che qualunque paese autorizzi gli OGM, di fatto consegna la propria sovranità alle decisioni di alcune multinazionali che agiscono secondo loro esigenza di lucrare. Inoltre, trattandosi di queste imprese, autorizzare la semina di OGM vuol dire consegnare i semi, i contadini e la sovranità alimentare, a un pugno di criminali in grande scala.

Il fine di Monsanto è controllare la catena alimentare globale. I cibi transgenici sono il mezzo per raggiungere questo obiettivo; i brevetti la via per ottenerlo. La prima tappa della "rivoluzione verde" già si è conclusa: è stata quella delle piante ad alto rendimento con l'utilizzo di pesticidi e relativo inquinamento ambientale. Ora siamo nella seconda fase di questa "rivoluzione" dove la chiave sta nel far valere i brevetti sugli alimenti. Questo non ha niente a che vedere con l'idea di alimentare il mondo; l'unico fine è aumentare gli introiti delle grandi corporation. Monsanto guadagna in tutto e su tutto. Ti vende il pacchetto tecnologico completo, i semi brevettati e l'erbicida obbligatorio per quel seme.

La Monsanto è l'avamposto strategico di Satana, in marcia lungo la strada tracciata dal Capital/liberismo che ha fatto terra bruciata di quell'impianto etico connaturato all'origine, in modo di facilitare la sua escalation e sgombrare dal campo ogni ostacolo di natura morale che potesse rallentare la su avanzata verso il dominio sul mondo.

La Monsanto e sorelle, andrebbero immediatamente bombardate, ma nessuno al mondo si prenderà mai questa briga.
Al punto in cui siamo (di non ritorno) non ci resta che attendere il giorno della fine, comodamente seduti sul divano delle libertà irrise e perdute.

"SAPER VEDERE" PER ESSERE NOI STESSI

A chi sa vedere, o meglio, a chi ancora miracolosamente conserva intatta una tale capacità, tutto appare chiaro e inopinabile. Chi sa vedere, non ha bisogno di parole, spiegazioni, promesse o prove, per capire chi ha di fronte a se! Chi sa vedere, riesce a leggere nei gesti, nei tratti, nelle espressioni – sa decifrare l'indole di ogni uomo da una semplice smorfia, dal tono della sua voce, dal suo silenzio e, da un breve sorriso, capire il suo animo e le intenzioni. Chi sa vedere, riesce a interpretare i segnali del presente che provengono dal mondo, per comprenderne gli effetti sul futuro, confortando così le sue speranze o, al contrario, prevenendone il peggio, modificando i suoi comportamenti e scelte. E tutto questo non rientra nella sfera della profezia o della veggenza, ma di una speciale competenza che l'uomo aveva ricevuto in dote al momento della sua venuta al mondo, e in virtù della quale accreditava la sua sopravvivenza.

Questa tecnica primitiva, primordiale, connaturata all'origine (oggi estinta per sempre tranne le retoriche eccezioni del caso) permetteva all'individuo di avere un quadro esauriente e chiaro dell'altro, delle sue intenzioni e, di conseguenza, aggiornare i suoi comportamenti e scelte, per accordarli a suo vantaggio e alla sopravvivenza della comunità, forte di uno spirito congenito di autoconservazione.

Oggi (diversamente da un passato remoto), l'affidabilità del singolo, si estrae da un ragionamento logico e razionale, da una particolare forza e strategia di convincimento, da una garanzia, dalle credenziali, in virtù di un testimone, di un giuramento, di una fedina penale - presentarsi e farsi riconoscere, dunque, sulla base di un curriculum, di un'informazione tecnica e professionale, che sia a garanzia delle nostre competenze e presunte potenzialità.

Tutto ciò che fa di noi una persona, che sia il soma, l'aspetto morfologico, la gestualità, l'odore, il tono di voce, ecc., altro non è che l'espressione più evidente dei veri noi stessi; la somatizzazione del nostro io più nascosto – perché non c'è nulla di più profondo di ciò che appare in superfice.

Dall'alba della rivoluzione industriale a oggi, in quell'arco di tempo dentro il quale si è consumata quella metamorfosi degenerativa che ha trasformato l'uomo intuitivo in supporto omologato e funzionale alle logiche del Sistema, si sono perse, fino ad estinguersi, tutte quelle funzioni sensoriali abilitate al discernimento e alla percezione, atrofizzandone così i loro processi vitali.

La vista, l'udito, l'olfatto, Il gusto, Il tatto, organi di senso presenti nei corpi degli uomini e nel regno animale, hanno subito nel corso di questo secolo un rattrappimento radicale degli scopi a cui erano destinate all'origine, essendo venute meno le condizioni naturali deputate a ricevere informazioni dal mondo circostante.

"Saper vedere", significa essere liberi da ogni giudizio esterno e pregiudizio, dogma e ideologia, ingerenza e interferenza che si frapponga ad una valutazione imparziale delle varie circostanze temporali.

Esistono individui che trascendono ogni simpatia, ogni sentimento di fiducia e di rassicurazione a causa di un sudiciume morale e spirituale che inevitabilmente, vuoi o non vuoi, ha modellato i loro tratti in un ghigno perverso, in una gestualità goffa e maligna, in un tono di voce senza anima, senza passione, monocorde come una campana a lutto.

La capacità di riconoscerli ed evitarli, sta proprio in quel "SAPER VEDERE" (diverso dal guardare), che è la risultante, il prolungamento, della conoscenza che noi abbiamo di noi stessi.

Spesso, quel tormento esistenziale che si esprime nelle più varie forme e patologie, è il risultato della frustrazione derivante dall'incapacità di individuare se stessi; il proprio Io e le nostre autentiche necessità.Il condizionamento delle società moderne sugli individui, che si attua dentro quell'opera di appiattimento dei bisogni, e sulla mercificazione dell'effimero, è schiacciante, e altera la nostra capacità di un giudizio critico e volontà decisionale.

Nella sua essenza, la vita, così com'è concepita dalla cultura attuale, è standardizzata, svuotata di ogni significato autentico, causa di ciò l'indottrinamento liberista. Tornare alle origini, significa conoscere se stessi, avere uno scopo ben preciso, essere tutt'uno con la natura, coltivare i propri talenti, liberarci finalmente dal superfluo, seguire il proprio istinto e l'intuizione. Questa è la chiave, se volgiamo tornare a essere liberi e vedenti.

I veri "Noi Stessi", sono di un'altra sostanza, invisibile a qualsiasi microscopio atomico, ma ben visibile al cuore cosciente di chi sa vedere oltre l'apparente e il razionale.

Come potremo dunque essere "noi stessi", quando tutto ciò che ci circonda è lo stesso per tutti? Cosa c'è di veramente nostro in questa società, in questo mondo? Come possiamo definirci liberi, autentici, quando ogni nostra scelta è sistematicamente filtrata dal tarlo del dubbio e della paura? E come sapremo vedere, quando l'oscurità avvolge il nostro cuore?

"Ci sono campi, campi sterminati, dove gli esseri umani non nascono, vengono coltivati. A lungo non ho voluto crederci, poi ho visto quei campi con i miei occhi…"

Il Sistema Bestia attraverso un'opera di persuasione senza precedenti, ha convinto le masse di decerebrati occidentali che la felicità si possa raggiungere solo in virtù di tutte quelle "comodità" invalidanti messe in commercio dai mezzi di informazione a lui asserviti fin dall'origine. Niente di più falso! É vero l'esatto contrario.

La felicità è azione, passione, movimento; una lunga corsa a perdifiato lungo il cammino della vita. La felicità è la risultante di un'autostima consolidata e di un livello di salute fisico e mentale ottimale. La felicità imprime sicurezza e si forma sulla consapevolezza dei limiti oltre i quali tutto degrada a stato di isteria, dipendenza, condizione di vuoto e di angoscia.

Le moderne comodità, esaltate a conquiste di civiltà e progresso, hanno reso gli individui un branco di debosciati, amorfi, ricurvi su se stessi dentro un continuo chiacchiericcio autoanalitico che incoraggia gli stati depressivi, l'autocommiserazione e la paranoia.

Non esiste al mondo nulla di più terapeutico contro il disagio esistenziale, del mettere a prova la propria volontà, attivando tendini e muscoli, mente e spirito, dove fatica e sudore esprimono al meglio in significato più profondo dell'esistenza e dell'essere umano.

In verità, la tanto decantata società del benessere, ha partorito dei mostri: degli zombi. Individui geneticamente modificati dalla sistematica assunzione di ormoni, estrogeni, anabolizzanti, coloranti, conservanti, aromi sintetici e intrugli chimici, infiacchiti fino all'inverosimile nel corpo e nello spirito da comodità invalidanti, dipendenze strutturali e disinformazione.

Sono costretti così a declinare ogni ragionevole sforzo, adattandosi ad una sorta di baby prepensionamento e trascorrendo il resto della vita di fronte ad un computer, ingrassando a dismisura e precarizzando la loro salute, fisica e mentale.

È forse a questa massa di poveri invertebrati e disadattati - benché innocenti e inconsapevoli - che abbiamo delegato le sorti del pianeta immaginandoli capaci di una rivoluzione antropologica, culturale, sociale, etica e filosofica?

Eccoli li, ciondolare indolenti sulle spiagge d'agosto, imbellettati da tatuaggi e piercing, simboli di una omologazione di massa, che intende ostentare forza, carattere e libertà, ma che in verità nasconde e maschera una devastante paura esistenziale e un'effimera libertà.

Eccoli li i nostri giovani, armati di telefono cellulare e scarpe da tennis che sembrano pronti a sferrare l'attacco mortale al cuore del Sistema. Guerrieri del nulla, piegati alla volontà della Bestia Liberista, uniformati e omologati, manipolati e plagiati, disattivati da ogni sussulto rivoluzionario, e resi sterili dalla più recondita capacità di produrre futuro. E tutti laureati!

Eccoli li i nostri giovani, le nostre speranze, intenti a scialacquare soldi mai guadagnati, sfidando la fortuna contro le infernali slot machine, ingurgitando merendine industriali e bevande gassate – tutti fottutamente uguali – tutti fottutamente plagiati – tutti fottutamente laureati!!

Eccoli li i nostri giovani, alti come lampioni, senza massa muscolare, disarmonici, con la pancetta e il culo piatto - imbruttiti da uno stile di vita sedentario e parassitario, privati della forza di volontà e della consapevolezza. Un'umanità di lobotomizzati che immaginando di essere libera, da sfogo ai suoi peggiori istinti consumando, divorando come cavallette fameliche tutto ciò che di peggio il Sistema di Satana immette sul mercato.

Individui i cui comportamenti e scelte, sono condizionati/e in ragione del numero di spot visti e dalla loro capacità di persuasione. Una società che è lo specchio della televisione e viceversa, dove le responsabilità individuali, lasciano il posto alle suggestioni mediatiche, e i sentimenti, gli affetti, la quotidianità familiare e le relazioni sociali, sono la replica (la sceneggiata) di una grande Soap Opera commerciale, permeata di una disgustosa auto/commiserazione e di un'ironia ai limiti del patetico. Una popolazione, non di individui pensanti e senzienti, ma di clienti classificabili in base al loro potere d'acquisto.

Questa umanità di soggetti prodotti in serie generata dal capitalismo liberticida, non conosce la verità, e di conseguenza, la felicità. Ogni più remoto concetto di giustizia e libertà è stato cancellato dal loro DNA, sostituito dalle immagini subliminali di un progetto di omologazione senza precedenti nella storia del mondo.

L'uomo di quest'epoca dissennata, non è che la ripetizione in serie, di una eccezionale stupidità, assunta a regola comportamentale. É sempre più simile a tutta quell'infinita varietà di tecnologie, ludiche e infantili, con le quali, in forma psicotica, si rapporta con allarmante quotidianità, alimentandone la dipendenza, la tossicità e lo spirito di emulazione.

Questo processo di disumanizzazione e di snaturamento, ha avuto inizio alcuni decenni dopo la rivoluzione industriale per attestarsi, in seguito (in un tempo eccezionalmente breve e con un'accelerazione impressionante), in omologazione meccanica. Mai, nella storia del mondo, si era prodotta una tale mutazione degenerativa e, in un arco di tempo così corto!

TU - IL MEDICO DI TE STESSO

Una prima, buona e salutare regola, praticata nei millenni come cura per i nostri quotidiani malesseri, siano essi, dolori articolari, cefalgie, disturbi gastrici, stati influenzali e affini, consisteva nell'aspettare il decorso della malattia fino al suo naturale esaurimento. "Non curarsi per curarsi" In questo modo, il nostro organismo (essere cosciente in ogni sua cellula), era in grado di comprendere consapevolmente ogni passaggio dell'iter della malattia e, in virtù di una tecnica connaturata, ne memorizzava i motivi e le cause per poi convogliarli nell'infinito bacino della coscienza di base. L'individuo era, prima di ogni cosa, il medico di se stesso che in virtù di un tale potere, era in grado di gestire la sua salute e integrità fisica.

Quella che oggi, in forma strumentale, viene definita "la medicina moderna", destabilizza questo processo naturale, interrompendo il corso della malattia e accanendosi in maniera ossessiva sui sintomi, eludendone le cause. La propaganda mediatica su un uso indiscriminato dei farmaci, ha ridotto ai minimi la soglia sopportazione del dolore, così da rendere gli individui, dipendenti e schiavi delle multinazionali farmaceutiche che, sulla nostra pelle, accumulano profitti stratosferici.

I moderni farmaci, sono delle piccole bombe ad orologeria, e gli effetti delle loro controindicazioni alterano irrimediabilmente i sofisticati meccanismi che regolano il nostro organismo, degenerando in tumori e mandando in corto il nostro sistema nervoso. Nello spot del "Voltaren" (farmaco propagandato dalle reti televisive, in grado di curare – sostengono – i dolori articolari e il torcicollo), si dichiara testualmente: "Sono farmaci che possono avere effetti indesiderati, anche gravi". Per un semplice torcicollo? Negli effetti gravi collaterali dell'Aulin, si parla di emorragie gastriche che possono portare alla morte. In molti psicofarmaci è bene evidenziato il fatto che possano, in alcuni casi, portare al suicidio. E questo vale per un buon 99% di questi inquietanti rimedi. Non sapremo mai, del resto, quante emorragie gastriche o suicidi, siano da mettere in correlazione con l'uso di questi farmaci, ma è facile immaginare la loro potenziale pericolosità.

Se non ci liberiamo della chimica e dei suoi intrugli diabolici, per dare fondo alle nostre ultime risorse vitali e finalmente, in un moto di vero orgoglio, rovesciamo il tavolo sgombrandolo da tutte le effimere, illusorie, inutili e micidiali menzogne che il sistema ci spaccia al pari di miracolose droghe, avremo perso per sempre la nostra libertà e come schiavi, invalidi e accattoni saremo costretti ad elemosinare conforto, fra le braccia del nostro carnefice.

UN MOMENTO DI IMPONDERABILITÀ

"Le circostanze esterne non sono così difficili da cambiare, ma la letargia interiore è vecchia di secoli. L'incoscienza è così primitiva, le sue radici così profonde, che c'è bisogno di una determinazione totale da parte nostra, una tremenda determinazione, un impegno, un profondo coinvolgimento. Dobbiamo rischiare il tutto per tutto. Altrimenti non ci sarà possibile trasformare noi stessi: rimarremo sempre gli stessi. Voi potreste essere l'ultima generazione a cui è ancora possibile ribellarsi – se non vi ribellerete, potrebbero non esserci più opportunità - L'umanità, potrebbe essere ridotta allo stato di robot – quindi ribellatevi finché c'è ancora tempo". Osho

Anche le speranze di Osho si sono annichilite dentro un baratro di generale indifferenza, e l'ultima generazione a cui era ancora possibile ribellarsi, ha passato il testimone ad un'altra, che crede che le banane le produca il supermercato e che il cellulare sia sinonimo di libertà.

Pasolini, un uomo dalla lucidità drammaticamente attuale affermava: "La distruzione di valori non implica una immediata sostituzione di altri valori, con il loro bene e il loro male, con il necessario tenore di vita e insieme un reale progresso culturale. C'è nel mezzo, un momento di imponderabilità, ed è appunto quello che stiamo vivendo – e qui sta il grande tragico pericolo".

E quello che sembrava solo un pericolo, si è rivelato oggi una drammatica realtà: "un momento di imponderabilità" dove tutto è stato relativizzato e capovolto in funzione di vantaggi, privilegi, profitto e potere. All'orizzonte, nessun nuovo valore sembra avere sostituito i precedenti, ma solo un caotico e schizofrenico turbinio di supposizioni, congetture ecc. "

L'informazione di massa, ha lo scopo intrinseco di omologare i consumi, le menti, in particolar modo, della classe più debole del paese: "Il sottoproletariato ed i giovani, attratti dalla nuova pseudo/filosofia dei consumi".

Pasolini riconduce questo processo ad un fondamentale principio:

"Regolamentare ed Omologare" al linguaggio del Sistema Potere, che detiene il processo di trasformazione tecnologica e industriale capitalistica, determinando così l'avvento di una nuova borghesia egemone e cialtrona, avulsa da ogni concetto di cultura e stato di diritto.

Pasolini, in maniera profetica, vede nelle nuove forme di capitalismo l'intento barbaro all'omologazione della società. "Uno sviluppo usato come strumento di regresso, dove i mezzi di comunicazione di massa, diventano un genocidio culturale" - dove i più esposti sono i più deboli, e i giovani, che si adeguano a modelli e comportamenti, divulgati dalla propaganda mediatica.

Noi tutti abbiamo concorso a trasformare la società in azienda, e mari e fiumi in cloache a cielo aperto, come tanti pinocchi che si illudevano di vivere nel paese dei balocchi. Ma si sa, presto o tardi tutti i nodi vengono al pettine!!

E per tanto, sarebbe più onesto un salutare "mea culpa" prima ancora di puntare il dito contro quell'orribile Bestia Nera che noi stessi abbiamo creato, acclamato e foraggiato.

E oggi, siamo fuori tempo massimo per reclamare quei diritti sociali che per decenni abbiamo mercificato a fronte di effimere libertà, falsi bisogni e dipendenze - quando il Sistema Potere, da tempo esibiva con orgoglio la sua indole maligna sull'onda di false promesse di benessere e felicità - quando il fumo di migliaia di ciminiere oscurava il cielo, e scorie, rifiuti di ogni genere contaminavano il nostro habitat compromettendo irreversibilmente la qualità della nostra vita e il futuro dei nostri figli!

Dal canto mio continuerò a produrre il mio vino e il mio olio, nei tempi e nei modi della sana tradizione, fino al giorno in cui ogni prodotto sarà stato per sempre contraffatto e contaminato. Per questo, sarò accusato di alto tradimento e condannato come un pericoloso sovversivo e criminale che attenta alla salute pubblica.

UN SOFISTICATO E PLATEALE IMBROGLIO

Perché l'industria dovrebbe mettere sul mercato una merendina per bambini, buona e genuina, scegliendone scrupolosamente, coscienziosamente e responsabilmente gli ingredienti, la loro assoluta qualità e i naturali principi nutritivi quando, oggi, è sufficiente affermare attraverso una serie di spot, che è buonissima, imperdibile, fatta esattamente come quella della nonna, visto, che la menzogna ripetuta ad oltranza, in ogni caso, paga più di ogni altra sacrosanta verità e competenza?

Tutto questo proliferare incessante di beni di ogni tipo, specie e natura, che il Sistema Liberista immette senza sosta sul mercato, è la conferma inopinabile e inconfutabile della loro totale inutilità. Se uno solo di questi beni producesse dei reali, concreti, efficaci vantaggi e benefici alle richieste di aiuto della comunità, renderebbe inutile e superflua la produzione di tutti gli altri, e decadrebbe seduta stante il concetto di "libera concorrenza". Una libertà che nega l'originale significato etimologico di diritto, ma si ascrive a strumento di raggiro a fine estorsivo, e rinnega ogni forma di autentica civiltà e di società.La "libera concorrenza", è quel diabolico meccanismo di mercato che ci da la possibilità di scegliere fra una larga gamma di beni e prodotti, del tutto identici, ben sapendo che il loro livello di qualità e pericolosità, è già ben oltre la soglia della sicurezza sociale. É la concorrenza, ciò che oggi definisce la loro commercializzazione e l'acquisto, accomunati dall'intrinseca potenzialità di danneggiare con certezza matematica il consumatore.

Con i mezzi di comunicazione e di interazione mediatica sempre più invasivi, il Liberismo da il meglio di se nell'esibire la sua vera indole necrofila e scopo finale. La qualità, la naturalezza e i principi nutritivi delle materie prime, sono stati incredibilmente rimossi e sostituiti da elementi chimici di natura sintetica e cancerogena, e di seguito commercializzati attraverso un'opera di propaganda mistificatrice che induce al loro acquisto, esclusivamente sulla base di una visibilità che il prodotto ottiene, in maniera direttamente proporzionale al numero di Spot che lo pubblicizzano. Una concorrenza di quanto di peggio ci sia in circolazione, che non si attiene più a criteri di eccellenza ascrivibili a un atteggiamento di stampo etico/deontologico del produttore, ma che gioca sull'assenza di quei parametri di riferimento oggettivo e comparativo del consumatore, necessari, senza i quali il consumatore non è più in grado di riconoscere le reali qualità e caratteristiche del bene.

Dovremmo dunque chiederci (giusto per fare qualche esempio), del perché esistano così tanti tipi di farmaci contro il mal di testa, il bruciore di stomaco, i dolori articolari, diete, beveroni magici, lassativi, detergenti, ecc.. ecc.., quando ne basterebbe uno solo per ogni necessità, che sia funzionante, così da sbaragliare per sempre dal mercato tutti gli altri. Se questo accadesse, per il Sistema sarebbe la fine.

Ergo, un prodotto valido ed efficiente, che rispetti i presupposti etici, non rientra nelle logiche della concorrenza; diversamente da tutti gli altri di mera natura commerciale, indotti all'acquisto dall'antagonismo e dalla competizione mediatica. Un sofisticato e plateale imbroglio, supportato da slogan pervasivi, a garanzia di un ipotetico prestigioso marchio di fabbrica.

Un buon 90% della nostra economia e relativa occupazione è sopravvissuto fino a oggi, proprio in virtù di quel perverso meccanismo che basa la sua sopravvivenza sul commercio sistematico di "beni artificiali" che non hanno alcuna corrispondenza con i reali bisogni della gente. E tu operaio che lavori per produrli, li devi anche acquistare – altrimenti la fabbrica chiude e tu vai a spasso.

Supponiamo che io disponga di una cifra X ed intenda entrare nel mondo degli affari per rendere produttivo il mio capitale e ricavarne profitti. Come primo atto, commissionerò ad una agenzia specializzata "un'indagine di mercato", che mi soddisfi l'esigenza di capire verso quali beni la domanda della massa è orientata.A questo punto deciderò quale bene produrre, in base ad una semplificazione che tiene conto dei costi di produzione e distribuzione, e di alcune caratteristiche in linea con le mie competenze e visione delle cose.Quantificando in 100 il mio capitale da investire, ne destinerò una quota (1%) per i costi relativi alla produzione del bene, mentre le 99 restanti (quasi l'intera somma), le disporrò per una massiccia campagna pubblicitaria capitanata da un accattivante slogan che miri dritto al cervello del branco di allocchi.In questo modo, creo un bisogno che non esiste, o meglio che non esisteva, in ragione di un condizionamento indotto da un'opera di suggestione subliminale e di persuasione forzata. Un gioco da ragazzi!!In realtà, il bene da me prodotto non serve a nulla: non è di nessuna utilità: ne al singolo ne alla società! É uno fra le migliaia di prodotti esposti in bella vista sugli scaffali di qualsiasi supermercato, per lo più nocivi, alla salute e all'economia familiare. Potrei chiamarlo, Danacol, Actimel, Bifidus Essensis Acti Regularis, o qualcosa che faccia "snellire dormendo" dal nome "Somatoline Cosmetic"!

Una ulteriore, drastica e inevitabile contrazione dei consumi, costringerà migliaia di fabbriche a chiudere i battenti lasciando per strada milioni di lavoratori che, per causa di forza maggiore, si dovranno astenere da ogni consumo che non sia vitale. É il cane che si morde la coda – una trappola che non ci concede vie d'uscita – un Sistema cialtrone che si avvita su se stesso e non prevede altra soluzione che non sia il suo azzeramento.

Pertanto, non c'è proprio più nulla di che meravigliarsi ne tanto meno allarmarsi guardando i dati relativi alla disoccupazione.Tutto andrà sempre a peggiorare, visto che sempre di più la gente ridurrà i suoi bisogni all'essenziale. E non solo per motivi di risparmio, ma perché è finalmente consapevole di quanto insensato sia tutto questo consumismo selvaggio e senza regole, causa di disparità sociale e deriva morale – un meccanismo di auto/distruzione.

Produrre e consumare cose inutili e nocive, per tenere in piedi questo Sistema di aria fritta, si pone a paradigma di un'umanità miserabile, svuotata di ogni suo vero contenuto etico, e motivo di esistere.

Passeremo alla storia come "la civiltà degli imbecilli", per essere ridicolizzati e sfottuti nei secoli e i secoli a venire.

L'occupazione derivante da un lavoro che si basa sulla produzione di beni voluttuari, è precaria per definizione. Esaurito l'effetto della carica propagandistica ingannevole, che codificava questi beni come utili e necessari, i consumatori si asterranno dall'acquistarli anteponendo, per priorità, quelli essenziali e primari. E questo è ciò che sta accadendo! Questo meccanismo perverso che da quasi mezzo secolo è stato in grado di raggirare il buon senso dei cittadini, alterandone la consapevolezza, oggi si è bloccato, inceppato – è grippato!La gente comune che è stata costretta dalla "Crisi" a ridimensionare drasticamente il suo tenore di vita riducendo tutto all'essenziale, ha forzatamente compreso (anche se fuori tempo massimo), che tutta quella lunga lista di beni, che un tempo acquistava sulla spinta di falsi bisogni indotti dal plagio mediatico, in realtà non sono di alcuna utilità.É tempo di fare di necessità virtù – imbracciare la zappa e cominciare a faticare!Un'occupazione sicura, salutare e onorevole.

Le varie ricette e strategie, che i cervelloni dell'economia e della politica mettono in campo, immaginando di contrastare gli effetti di quella che persistono a definire, una "crisi", non sono che un mucchio di fesserie prodotte da menti malate prive del più remoto senso della realtà. Quelle poche persone, ancora oggi, dotate di buon senso, di logica e di consapevolezza, e in grado di interpretare gli avvenimenti, concordano con la tesi che non si tratta di una comune crisi fisiologica ad un meccanismo perfettibile, ma l'apice di un Sistema che si è trovato a sbattere il testa contro il muro di una realtà volutamente rimossa – un Sistema che si riteneva invulnerabile e refrattario ad ogni pericolo esterno ed interno ad esso e che oggi, nonostante il fallimento evidente e conclamato, persiste in maniera diabolica a decantare gli straordinari risultati e benefici prodotti, rigettando ogni accusa e negando l'evidenza dei fatti e degli effetti catastrofici sulla società. Se non fosse la stessa "massa" (tutti noi) ad avere alimentato per decenni gli stomaci senza fondo "dell'imprenditoria dell'effimero", le fabbriche avrebbero già chiuso da tempo, e l'economia derivante dalla catena di montaggio non sarebbe mai divenuta. Il risparmio dei cittadini che oggi, agli occhi del Sistema è visto come una sciagura planetaria, è stato per millenni il vero punto di forza di ogni società sensata e civile, che in ragione di questo, proiettava nel futuro la sua continuità.

In un recente passato, il risparmio era il solo antidoto in grado di combattere le difficoltà economiche. Nelle società liberiste relativiste, accade l'esatto contrario: la crisi economica si contrasta (affermano in breve i geni dell'economia) acquistando e consumando beni (in genere superflui e inutili), così da innescare la crescita. È evidente l'incongruenza e il livello di follia di una tale logica che, nell'ossimoro, "più spendo, più ci guadagno ", incarna il germe malefico del relativismo. Oggi, la gente (anche se fuori tempo massimo), ha preso coscienza del fatto, che la gran parte delle cose che acquista, non servono a niente, non soddisfano alcun bisogno, non producono felicità, ne benefici per la loro salute, ma l'esatto contrario. La gente non compra più per questo motivo - " beni superflui rendono superflua la vita" Pier P. Pasolini

Il risparmio dei cittadini che oggi, agli occhi del Sistema è visto come una sciagura planetaria, è stato per millenni il vero punto di forza di ogni società sensata e civile che, in ragione di questo, proiettava nel futuro la sua continuità.Il Sistema dunque non si è auto/generato ma è cresciuto e si è sviluppato fino a questo punto, perché sistematicamente e metodicamente alimentato dall'insensatezza complice dei nostri comportamenti individuali e quotidiani.Nel frattempo gli imprenditori delocalizzano le loro fabbrichette di merda nei paesi poveri, per incrementare i loro profitti speculando sui bisogni primari e ineludibili della gente. Il tasso di disoccupazione nazionale sale di ora in ora e molto presto, quando la cassa di integrazione, la mobilità, i sussidi assistenziali e ammortizzatori sociali, avranno prosciugato le ultime speranze di sopravvivenza dei lavoratori, il Sistema Bestia dichiarerà candidamente che il lavoro è un ritorno al passato e la morte per inedia, il futuro.

Pertanto, quando sento ancora parlare di crescita e di sviluppo come i soli strumenti idonei per combattere la crisi del capitalismo, mi vengono i brividi e, ancora di più, prendo coscienza di quanto, le "conquiste" di questo secolo, siano state nefaste per tutta l'umanità. Tornare al passato, dunque, è il percorso più praticabile e meno utopico, contrariamente del perseverare in questa direzione. Solo con un radicale intervento di riconversione del Sistema, potremo limitare i danni di una tragedia annunciata dai contorni apocalittici! Alla disoccupazione dilagante del comparto industriale, dobbiamo rispondere con un ritorno, alla terra. Altre soluzioni non ce ne sono e, "chi tardi arriva, male alloggia".

UNA PERICOLOSA INDIGESTIONE

"Quando l'intelligenza artificiale e la capacità funzionale e logica delle macchine risulterà essere superiore, più affidabile e produttiva di ogni altro intervento umano (che sia fisico o cognitivo), avremo perduto per sempre ogni residuo di libertà - É giunto il tempo di fare "ritorno a casa" - accendere il camino e all'indomani, con il primo sorgere del sole, cominciare a zappare. Diversamente, per noi, sarà schiavitù e prigionia"

Oggi il Sistema è saturo; bloccato. Ogni tentativo di rianimarlo, immettendo sul mercato nuova mercanzia, non fa che peggiorare il suo stato. Sarebbe come se un medico, per curare una pericolosa indigestione, costringesse il suo paziente ad una solenne abbuffata. Il Sistema, come il paziente indigesto, in preda a crampi, conati e nausee, sarà più propenso a vomitare, per liberarsi dalla schiavitù di un disagio non più sopportabile, e dal rischio di collassare. L'indigestione, in questo caso, è simbolica di un consumismo sfrenato, selvaggio e senza regole che ha congestionato ogni settore della nostra società. Nel bisogno di espellere per liberarsi, possiamo individuare l'ineludibile necessità di fare ritorno ad un passato, regolato dall'impianto etico originario; dalla consapevolezza, dalla conoscenza e dalla ragionevolezza.

Nel preciso momento in cui, l'individuo libero del passato, ha perduto la sua autonomia, autosufficienza e indipendenza materiale, consegnandosi spontaneamente, nelle mani del Sistema Bestia, ha tradotto e trasformato la sua esistenza nella peggiore delle schiavitù: "LA DIPENDENZA DAL BISOGNO PRIMARIO". La primordiale forza di volontà e uno spirito di sacrificio connaturato sono stati cancellati per sempre dal nostro programma genetico. Il livello di sopportazione del dolore si è estinto e con lui, ogni consapevolezza, conoscenza, e capacità di adattamento. Un valore che, fin dall'alba dei tempi, aveva caratterizzato e contraddistinto la natura umana e animale.

Non siamo che un branco di asini e di ignoranti fottuti, privi e privati del più remoto barlume di vera cultura, vera conoscenza e sana tradizione. Non sappiamo costruire una casa, un tavolo, una sedia, aggiustare una qualsiasi cosa, seminare, zappare, coltivare un orto, potare un albero, organizzare un pollaio, macellare un maiale. Sappiamo tutto di ogni cosa (inutile, effimera e invalidante) ma non ciò che veramente serve ad un uomo: vaghiamo come ombre dentro buio più totale!!

Che cosa racconteremo ai nostri figli e nipoti, della nostra codardia? Come giustificheremo il nostro immobilismo e l'ipocrisia dei nostri atti?

Dobbiamo tessere il futuro con i fili del passato. Solo con un radicale intervento di riconversione del Sistema Liberista Relativista, in un ritorno alla Madre Terra, potremo limitare i danni di una tragedia annunciata dai contorni apocalittici.

LE TRE SOLUZIONI

E quando tutto sarà palese, e noi, volenti o nolenti, ignoranti e intelligenti, dovremo per forza e necessità prendere atto di quali erano le reali finalità del Sistema Bestia e del suo piano diabolico di omologazione degli individui, a quel punto, saremo già tutti schiavi.

"Il Potere economico invece di combattere i movimenti che possono creargli fastidi, semplicemente li ingloba nel suo sistema traendone anche del profitto". Negli anni sessanta, sorse il movimento hippy, e gli appartenenti abbandonarono anche il vestire convenzionale, e iniziarono a indossare abiti coloriti e apparentemente stonati rispetto alla moda in voga in quel momento. Dopo che furono distrutti dalla Cia, con l'ausilio anche della psichiatria, che finanziò la diffusione del concetto dell'amore libero e del LSD, il loro modo di vestire fu assorbito dal sistema economico, che diede vita a una moda, e non fu più possibile distinguere un hippy da un comune cittadino attratto da quella moda". L.G.

Circa 40 anni fa, un modello computerizzato elaborato al Massachusetts Institute of Technology, chiamato World3, avvertiva a quale destino sarebbe andata incontro la civilizzazione umana nel XXI secolo. Il libro "I limiti dello sviluppo", uscito nel 1972, che scatenò un aspro dibattito, spiegava quei risultati: i ricercatori sostenevano che il sistema industriale globale avesse un'inerzia tale da non riuscire a correggersi in corsa, in risposta ai segnali dello stress planetario; a meno che la crescita economica non si fosse fermata prima di raggiungere l'apice (sottolineavano gli autori), la società era destinata a passare il segno e precipitare, con miliardi di possibili vittime.

Qualsiasi cosa il Sistema finanziario, bancario, politico, industriale e mediatico ci proponga, spacciandolo per un vantaggio al cittadino, sappiate che è una solenne inculata! Ma come cambiare lo stato delle cose, senza una "determinazione totale" da parte di tutti? Senza consapevolezza non ci può essere determinazione, quando gli stessi padri non sanno più indicare il cammino ai propri figli. Siamo individui monchi, alberi senza radici, disancorati da ogni oggettivo parametro di giudizio, defraudati della forza di volontà, dei personalismi e da ogni slancio rivoluzionario.

Ci siamo persi nel "Tutto è Relativo" adottato in massa ad attenuante quotidiana, disertando ogni responsabilità individuale, omologandoci ad un sistema nel quale abbiamo riposto ogni intraprendenza, capacità critica e speranza di futuro. Al punto in cui siamo, ci si prospettano tre soluzioni:

a)Un radicale ritorno alla terra

b)La rivoluzione armata

c)Il suicidio

Ma se osserviamo più attentamente la nostra condizione, vediamo che, sia la prima, che la seconda opzione, sono impraticabili. Questo perché, il Sistema Bestia non ce lo permetterà mai, potendo contare sul potere politico, economico, mediatico e finanziario - sulle forze dell'ordine, sulle forze armate, e sulla sudditanza di una perversa rete di servi e ruffiani che hanno mercificato la dignità e l'onore, al prezzo di privilegi e denaro sporco. Sarebbe una carneficina!

A noi, non sono rimasti che consunti ideali e logore parole, ma per tutto ciò che serve per la "dichiarazione di guerra" e per la vittoria, siamo in "braghe di tela." Abbiamo una sola e unica arma su cui disporre: LA RINUNCIA IN TOTO AL SISTEMA! Che cosa intendo! Significa spegnere la TV, la Rete, disertare ogni forma di comunicazione, ridurre i consumi all'essenziale, non dipendere da terzi e cominciare per gradi, a sperimentare la manualità e l'autosufficienza.

Se non saremo in grado di fare questo, e al più presto, non ci resta che la terza, ultima opzione: il SUICIDIO.

COME UNA NUOVA "ARMATA ROSSA"

"Ricordiamo tutte le vittime del nazismo e respingiamo ogni tipo di darwinismo sociale e di annientamento del diverso, sia che questo avvenga tramite mostruosi progetti di eliminazione di massa, sia tramite non meno mostruose politiche liberiste/liberticide di oggi, e il loro piano di smantellamento della solidarietà sociale, dei servizi per i più deboli, di omologazione delle coscienze, e di sterminio perpetrato contro l'Ekosistema tutto".

Sono bastati pochi decenni di liberismo (dal 1950 a oggi), per fare tabula rasa di millenni di storia, di conoscenza, di cultura e tradizione. Lo stesso processo ipertrofico/iperplasico che genera il cancro.

Tutti vogliono una casa, tutti vogliono un lavoro, tutti vogliono l'assistenza sanitaria, tutti vogliono il diritto all'istruzione..!

Ma questo non è il Liberismo che tanto avete acclamato e foraggiato per decenni..!! Siete comunisti e non lo sapete.

Avete tanto rotto il cazzo con l'anticomunismo, da avere permesso e facilitato a questi fascisti di ritorno mai debellati (mascherati da moderati), di approdare ai vertici potere e di dettare le loro condizioni.

Ma, oggi, il tempo stringe, e se vogliamo salvare i culo dall'imminente e apocalittica implosione del liberismo consumista, lo dovremo adottare in massa - volenti o nolenti - come unica condizione di vita, in grado di tutelare i diritti dell'individuo e soddisfare i suoi bisogni primari.

A ogni essere umano di questa Terra, spetta, per diritto di nascita, un pezzo di terra da coltivare, un rifugio, e l'accesso all'acqua, come bene a tal punto inalienabile e inviolabile, da renderlo un esercizio di dovere.

Ed è da questi fondamentali, che il pensiero comunista ha attinto le sue ragioni e speranze, ipotizzando una società di persone, dove la salute, il lavoro, la casa, e la felicita di tutti, si ergano a denominatore comune, imprescindibile dai concetti cardine di uguaglianza e di giustizia.

Senza questi presupposti di base, nessuna società si può ritenere tale, né tanto più, civile.

Del resto, ahimè, siamo costretti a vivere in società organizzate e omologate, avendo noi perso ogni capacità di autosufficienza, di conoscenza del passato, di autentica libertà, e demandato ogni nostra responsabilità al Sistema Bestia.

Se dunque intendiamo uscire vivi e sopravvivere all'imminente tracollo del Liberismo oppressore e schiavista, non ci resta che applicare al più presto il modello comunista, espropriando gli incommensurabili patrimoni privati, frutto di speculazioni finanziarie, di corruzione, e di ogni sorta crimini. Come una nuova "Armata Rossa", per spalancare i cancelli di questo campo di concentramento a cielo aperto, dentro il quale è, trasfigurata la nostra vita - liberandoci dagli aguzzini, dai servi e dai traditori.

Lo Stato (cioè noi) si deve riprendere il mal tolto, l'acqua, la terra, la "SOSTANZA", e quel potere che gli stati catto/democratici liberisti hanno mercificato con l'oscura borghesia industriale, in cambio di privilegi, sesso, denaro e perversione.

Non ci resta molto tempo, e se oggi, non aiutiamo il Sistema Bestia a morire, in una sorta di benevola e cristiana eutanasia, ma passivamente prolunghiamo la sua agonia (e quindi la nostra) fino al suo naturale e ineluttabile spegnimento, avremo perso un'ulteriore e ultima occasione di pacificare le nostre coscienze e dare un significato alla nostra esistenza.

Certo, è una medicina molto amara, dagli effetti collaterali devastanti, ma è la sola di cui disponiamo. Il Sistema va resettato totalmente e solo dalle sue ceneri, potrà sorgere una nuova alba.

Dobbiamo recidere ogni canale di alimentazione che concorra al suo mantenimento e a rafforzarne il suo potere.

Ergo, che ci piaccia o meno, che lo capiate o no, furbi o intelligenti che siate, sarà il comunismo (reale e pragmatico) il solo a poterci salvare da quel progetto di schiavitù di massa, di omologazione, piano di sterminio umano e ambientale pianificato dal Capital/Liberismo Relativista. Un piano diabolico, teso a speculare sui lati peggiori dell'individuo, sdoganandoli per leciti e auspicabili, a mero fine di profitto e di potere. Un sadico e morboso piacere, che nella sofferenza dell'altro e nella distruzione, si prefigge di provocare appagamento al proprio ego malato, e a un'autostima defunta.

Passeranno mille e mille anni ancora, prima che il corpo dell'uomo (l'involucro) si decontamini da quello spesso strato di luridume liberista che ha soffocato in lui, ogni barlume di consapevolezza, sentimento di solidarietà, e più remota speranza.

È GIUNTO IL TEMPO PER UNA "GRANDE RICONVERSIONE BIOLOGICA"

"Quando il buio e il silenzio torneranno alla notte e i canti crepuscolari delle mietitrici saliranno al cielo come preghiere di ringraziamento, e i miei nipoti torneranno a correre a piedi scalzi lungo le rive dei fossati e a rotoloarsi fra l' erba dei prati profumati di viole, quando la terra odorerà di pioggia e il fuoco del camino tornerà a scaldare i nostri cuori, solo allora apriro' l' uscio di questa prigione per onorare il nuovo giorno con un sorriso d' eternità". G J T

Lo scollamento radicale dell'uomo dalla terra è la sola e vera causa della tragedia umana, morale e di civiltà, che presto esploderà in tutta la sua potenza con tutte le conseguenze del caso.

Per tutto questo (con il senno di poi) avremmo dovuto investire in beni duraturi, essenziali e non soggetti a contraffazione, manipolazione, immuni da ogni possibile interferenza industriale che ne potesse contaminare la loro natura.

Il lavoro industriale non paga, contamina l'ambiente, annulla l'individuo, deprime ogni sua aspirazione e passione, fino a ridurre la sua esistenza a luogo di espiazione, e in supina accettazione di una condizione innaturale, dov'è degradato ad ingranaggio, funzionale solo ai ritmi produttivi e ai profitti del Sistema Padrone – E quel che è peggio, ci imbruttisce e ci incattivisce, rendendoci refrattari ai bisogni degli altri e sempre più vulnerabili al dolore e alla malattia"

BASTA DUNQUE CON LE POLITICHE INDUSTRIALI!

È giunto il momento di un massiccio ritorno alla Terra, e di pacificazione con la natura.

L'uomo che non possiede terra e non dissoda, non semina e non raccoglie i suoi frutti benedetti, non può considerarsi tale, ma elemento improprio di un habitat in cui non si riconosce, lontano da quel disegno imperturbabile che, dall'origine, regolava e monitorava i comportamenti umani, armonizzandoli fra loro ed evitandone le degenerazioni.

Questa inedita specie di uomo "moderno" è come un'ape senza fiori, un pesce senza mare, un albero senza radici, un uccello senza cielo, una religione senza Dio, un cuore senza passione; come una vela senza vento.

Non siamo che gli ingranaggi consunti e arrugginiti, di un meccanismo perverso e pervertito, i cui costi, relativi alla sua manutenzione e alla bonifica di tutte le scorie tossiche prodotte e disperse sul territorio dall'Industrialesimo Distruttore, superano di gran lunga i benefici apportati alla comunità (nel senso di qualità della vita e di felicità), e gli stessi guadagni.

La capacità di sognare, di amare, di credere e di sperare, è il prodotto di quel rapporto simbiotico (scambio mutualistico) che, da sempre, l'essere umano ha avuto e coltivato con la Terra, madre indiscussa del nostro destino. Una Terra oggi, straziata, vilipesa, violentata e stuprata, da un'orda di diavoli dai bianchi colletti e cravatte chiassose, che hanno mercificato con Satana il sangue e il futuro dei nostri figli, a fronte di vizio e di potere.

Una buona parte del vecchio mondo ha resistito alle seduzioni del Liberismo fino a 50/60 anni fa, dopo millenni in cui l'uomo (quello veramente sapiens) traeva ogni suo sostentamento, vera gioia e vero dolore dalla Madre Suprema; la TERRA. Le nostre paure più perverse, attacchi di panico, depressione, le infinite forme nevrotiche e altro ancora, non sono, che il risultato di questo scollamento fra uomo e natura. Le tradizioni, il rito magico, l'iniziazione, il folclore, il timore dell'inconoscibile, erano le fondamenta etiche di un vivere consapevole. Oggi siamo sommersi dal Nulla e avvolti in un dolore pungente dal quale non ci sappiamo liberare.

E non servono farmaci, droghe, effimere libertà, per lenire il nostro dolore esistenziale! É giunto il tempo della Grande Riconversione Biologica; abbandonare le città per affondare le nostre mani nella terra – zappare, seminare, raccogliere e, in fine, sperare. Questa, è la sola e vera conoscenza, medicamento e cura per tutti i nostri mali: ritrovare la nostra vera essenza, la magia perduta, il silenzio e la Fede, senza la quale, nulla ha un senso.

La nostra epoca, è moderna caratterizzata da un'idolatria di quart'ordine, dove si mitizzano star della musica, calciatori, piloti, attori, politici e sgualdrine, e dove il concetto di "divino" è stato per sempre cancellato da ogni azione umana, sentimento ed emozione. Una portata di fuoco diseducatrice e mistificatrice, che il Sistema Bestia ha messo in atto per mercificare (senza più alcun ostacolo di natura etica e morale), la sua effimera e insanguinata mercanzia.

Il mondo contadino del passato (che rappresentava un buon 99% della popolazione), era caratterizzato dall'autonomia e dall'autosufficienza, e ogni singolo o gruppo definiva e determinava una sua "ragion d'essere", sulla soddisfazione dei bisogni primari ed essenziali, relativi e dipendenti al territorio; alla sua capacità di produrre beni (acqua, fertilità, energia) e sulla spinta propulsiva di consolidate tradizioni e ataviche credenze.

La forza di volontà, che in passato aveva la funzione, lo scopo, e la potenza di produrre diversità e merito, è venuta meno, per trasfigurare in omologazione e supina accettazione.

Il Sistema, del resto, campa proprio in virtù dei nostri comportamenti irrazionali e su una conclamata stupidità della gente che, nel tempo, è trasfigurata in un'inedita forma di schiavitù dai bisogni virtuali, del tutto inefficaci e sicuramente devastanti per la salute.

Abbiamo perduto quella conoscenza di base che, un tempo, era sinonimo di autonomia, di autosufficienza, e dove l'individuo era unico e solo artefice e responsabile della propria condizione.

Quei sacri doni che, fin dall'alba dei tempi, hanno determinato la condizione umana e le sue imprescindibili e originarie ragioni, si attestano negli elementi di, Terra, Acqua, Aria e Fuoco, in virtù di un quinto, fondante, creatore e generatore di ogni cosa che, nella Fede, esprime tutta la sua potenza e natura trascendente: Dio

Dobbiamo stroncare quella bidonatura pseudo culturale che fu ed è la psicanalisi e materie affini, se non altro, per la pericolosità della sua applicazione. Chi passa la propria vita nell'ambiente corrispondente, finisce sempre per trovarsi in crisi a causa della inadeguatezza del metodo e della falsità del suo impianto teorico. Non parlo neanche dell'antropologia freudiana, la quale per fortuna è stata ampiamente superata da assunti ben più convincenti. Rilevo solo che gli epigoni dell'interpretazione psicanalitica presentavano la materia come "scientifica"…il che è tutto dire. Perché quando dici "scientifico", dici "rigoroso e provato"…ed è una pretesa alquanto discutibile.

Chi entra nei meandri contorti della tecnica/ pratica, diviene schiavo dell'elucubrazione mentale fine a se stessa e il trauma non lo supera mai, a meno di non abbandonare un'area di sofferenza per abbracciarne un'altra. Ne ho conosciuti troppi di casi relativi. In questo ambito, a differenza per es. della politica, bisogna essere doppiamente cauti, sia per se stessi, sia per gli altri che magari possono ritrovarsi a seguire consigli non troppo vantaggiosi.

Uscire dai postumi di un forte trauma, è come uscire dalla dipendenza di una droga.

Ricorrere alla psicanalisi introspettiva credendo di poterne rimuovere il problema, la causa, è il più grande errore di valutazione che possiamo fare – così come il tossico non può essere guarito somministrandogli altra droga. Sarebbe come rigirare il coltello nella piaga.

Il solo modo per combattere gli effetti dolorosi del trauma, e in seguito rimuoverlo, sta nella capacità di distrazione nel perseguire un nuovo progetto (orizzonte) sul quale concentrare (anima e corpo) la nostra attenzione, tutte le nostre energie e la residua forza di volontà.

Allo stesso tempo, e attraverso una pratica metodica e costante di autocontrollo, dovremmo essere in grado (un po' alla volta) di controllare il nostro dialogo interno, interrompendo quel turbinio parossistico di pensieri e ragionamenti, che la nostra mente proietta autonomamente fuori dalla nostra volontà, perché stressata dal corto circuito prodotto dal trauma stesso.

È solo una questione di allenamento e di metodo che, in breve, consiste nello sforzarsi a zittire per brevi secondi la nostra mente, e con la pratica aumentarne i tempi di pausa.

Ma il perno centrale intorno al quale ruota questo "squilibrio" è come sempre la paura. Una paura che assume varie forme e connotazioni, relativamente alla sensibilità del soggetto, in misura della sua interezza e capacità reattiva agli accadimenti non previsti e non concepiti:

- La paura di non poterne e saperne uscire, motivata da una scarsa o assente autostima.

- La paura che gli effetti del trauma si possano ripetere in qualsiasi momento.

- La paura di apparire diversi.

- La paura di non essere compresi.

- La paura di essere i soli al mondo a dovere vivere (per la sua unicità) una tale esperienza, e pertanto di ritenere tutti gli altri incapaci di un qualsiasi apporto benefico e rassicurante.

La moderna medicina terapeutica e farmacologica occidentale, è dunque il modo peggiore adatto a ristabilire la normalità nel soggetto danneggiato dal trauma. Al contrario, lo danneggia, lo degrada a cavia, a vittima sacrificale delle sue sperimentazioni, aberrazioni, ipotesi e congetture, rendendolo dipendente, asservito alle sue lusinghe, e assicurandosi lauti guadagni per tutto il lungo periodo dell'immaginaria cura - un individuo, prima del trauma normale a tutti gli effetti, ridotto in seguito ad invalido sui cui investire speculare per mero profitto.

Da tutte le patologie si può guarire, a patto che la malattia faccia il suo naturale e necessario decorso. Se gli interventi esterni non sono in linea con l'etica e la deontologia umanistica, ne interrompono l'evoluzione, e quindi ne impediscono la guarigione.

Dal trauma, dunque, si può risorgere rimuovendone il ricordo, e liberandoci dal masochismo di analizzarne le cause e gli effetti; dimenticarsi di se stessi, guardare e vedere oltre, perché non c'è niente da scavare ma tutto da seppellire! Certo è la strada più faticosa, ma la sola che ci può condurre alla liberazione dalla paura e rafforzare la nostra consapevolezza.

Il trauma prodotto dal dolore, spaventa da una parte, ma per un altro verso, come una lente di ingrandimento, mette a fuoco tutto ciò che prima consideravamo normale, scontato, non degno di nota, di analisi e di critica.

Così ogni parte e frammento del nostro essere viene vivisezionata; l'osservazione amplificata e, per logica conseguenza, la capacità di discernimento.

Quindi, se noi lasciamo il dolore alle spalle per concentrarci invece sul suo rovescio della medaglia, saremo in grado di capire gli infiniti benefici di una tale esperienza per metterli poi a frutto e farne tesoro.

Non c'è altro modo per crescere, per cambiare e per attingere a quella consapevolezza capace di produrre autentica felicità e libertà.

L'uomo che rinuncia alla comprensione del dolore per accanirsi sugli effetti come una belva ferita e vendicativa, non troverà pace al suo tormento e il suo cuore si farà pietra; a lui sarà negato lo spirito di solidarietà, di volontà, la tolleranza, e il sublime piacere di contemplare la bellezza.

Psicanalisi, psichiatria e sorelle, sono delle malattie incurabili ad alta virulenza. Come possiamo credere di potere sondare, vivisezionare un TUTTO inscindibile per definizione, scomponendolo in parti (Ego, Se , Anima, Coscienza, Spirito) come fossero i pezzi meccanici di un motore a scoppio, separandoli dal resto, per poi riposizionarli come all'origine?

Freud, Jung, e combriccola, operano nella profanazione avventurista di una sfera di competenza del trascendente, allo stesso modo di un infante la cui curiosità ossessiva lo porta a smembrare il suo giocattolo per vederne il meccanismo interno che lo muove, ma poi incapace di ricomporlo.

QUANDO L'INFERNO ARRIVA DAL CIELO

Ormai ci stanno attaccando su tutti i fronti! A questi criminali al potere, non basta bombardare la nostra salute contaminando il territorio, le acque, l'aria e il cibo - da una decina di anni lo fanno "dall'alto dei cieli" irrorandoci in maniera sempre più frequente con le scie chimiche.

Quei pochi coraggiosi scienziati che si sono presi la briga di analizzare la composizione delle scie, hanno accertato la presenza delle seguenti sostanze: alluminio, bario, quarzo, cobalto, manganese, silicio, torio, arsenico, piombo, mercurio, uranio, zinco, stronzio, rame, selenio, titanio, fosforo, litio, zolfo, calcio, dibromuro di etilene (pesticida messo al bando in quanto considerato cancerogeno), cloruro di acelticolina, batteri pseudomonas aeruginosa, batteri pseudomonas fluorescens, batteri serratia marcescens, streptomiceti, virus, retrovirus, batteri, micoplasmi, funghi, spore, muffe, parassiti nematodi (ovvero vermi), globuli di sangue essiccato, sostanze sedative, fibre, polimeri.

Questo intervento di "derattizzazione" aerea, non è che l'ultimo atto di un piano di sterminio di massa, architettato a tavolino dai vertici della piramide del potere, al fine di renderci inoffensivi e schiavi, per il resto della nostra vita.

La priorità non sta dunque nella crescita, nell'occupazione, innovazione, competitività o altre amenità del genere, ma nell'organizzarci tutti assieme, uniti, compatti e determinati, per mettere fine, attraverso una vendetta senza sconti, allo strapotere stragista di questi figli di puttana, bastardi e cornuti.

L'ASPETTO NEGATIVO DELLA TECNO/SCIENZA

Questo mondo (per senso di decenza definito "moderno"), andrà a finire male; anzi, malissimo, perché la natura degli scopi perseguiti è demoniaca, non avendo tenuto in nessun conto il vero concetto di bene comune, ma al contrario, facendo "cassa" stimolando i lati e gli istinti peggiori della gente.

Lo scopo dell'industrializzazione tecnologica, non era quello di migliorare le condizioni di vita degli individui, ma di sfruttarli a bassi costi di produzione centuplicando i guadagni dei "padroni". Ed è dai presupposti e dalle finalità che si giudica un progetto, buono o cattivo che sia! Il Liberismo è apocalittico.

Non è possibile creare energia pulita attraverso i mezzi tecnologici. Nel tempo, le controindicazioni e gli effetti collaterali sarebbero tali da vanificare ogni altro beneficio. L'energia pulita esiste già naturalmente, da sempre (sole, vento, acqua) e a nessun uomo del passato sarebbe mai venuto in mente di ricreare qualcosa che già la natura distribuiva generosamente e in abbondanza.

Sarebbe come immaginare di ricreare l'amore in virtù di un software! Solo una mente malata e una coscienza degenerata sono capaci di tali congetture, e raggiungere i più alti livelli di psicopatia ufficializzandone la realizzazione.

L'amore esiste già, e non c'è motivo di replicarlo.

Con l'ausilio delle macchine possiamo solo produrre energia sporca, contaminazione, odio e infelicità; non creare!

È una regolina semplice, elementare, direi ovvia, che tiene conto di quei limiti etici oltre i quali tutto è profanazione, violazione e contraffazione.

Il mondo è stato creato con armonia, equilibrio e senso di giustizia, e in seguito distrutto nell'arco di un tempo infinitamente breve dalle ragioni perverse dell'uomo stupido di quest'epoca maligna.

La prima vera causa della disoccupazione, oggi in allarmante crescita nel mondo occidentale, è relativa all'introduzione della tecnica nel mondo del lavoro; macchine, computer e robot che hanno sostituito la manualità in nome del "progresso" e cittadini che perdono il posto, mentre "i padroni" accumulano fortune sulla loro pelle.

Mi ripeto: "Inventare un oggetto tecnico, una sostanza tecnica, fisica, fisico-chimica, significa inventare un incidente specifico".

Questo aspetto negativo della tecno/scienza è stato censurato. La "tecnocrazia liberista" accetta di vedere solo la positività del suo oggetto e dissimula senza posa l'incidente.

L'IGIENE, UNO SPORCO AFFARE MILIARDARIO

L'igiene, "questo ramo della medicina", che non insegna, non attua e non salvaguarda, si è ridotto al rango di mero servitore di un consumismo imperante, mafioso e inquinatore. Tutti quei prodotti micidiali che con un accanimento sistematico usiamo per togliere la polvere dai nostri mobili e cose, sono nocivi, non solo per la salute, ma per il danno che procuriamo al nostro micro-ambiente. Noi, come androidi in preda a un delirio mediatico, acquistiamo ogni tipo di intruglio chimico possibile, in nome della più grande bufala di ogni tempo: l'IGIENE.

Dovremmo però sapere (prima di ogni cosa), che stiamo infierendo massicciamente sul sistema nervoso dei nostri bambini e sugli organi deputati al loro sviluppo. E questo vale per tutti i detergenti relativi alla "cura" del corpo, che siano shampoo, balsami, saponi, detergenti e tutti i detersivi di uso domestico.

"Non è ancora stato provato", ribattono i cialtroni della ricerca, che all'interno dei loro infernali laboratori mettono a punto le peggiori diavolerie da commercializzare come miracolose e miracolistiche! Al contrario, la prova regina della nocività di tutti questi prodotti, la ricaviamo da tutta quella montagna di merda chimica e tecnologica che soffoca la nostra esistenza e contamina le acque, aria e il territorio; logico risultato di un inganno globale, non che progetto di manipolazione pianificato a tavolino dal battage mediatico messo in atto dal Sistema Sponsor.

Oggi il mondo è simile a una discarica a cielo aperto, maleodorante e infetta; e questo, grazie ai nostri comportamenti, irresponsabili e ignoranti.

Non vi sembra una bestiale incongruenza e un abominevole contrasto logico, quel comportamento patologico e compulsivo che, all'igiene personale e di casa, fa corrispondere il degrado sistematico del nostro habitat?

Siamo oramai privi di ogni capacità di oggettivo discernimento e di analisi critica! Siamo a tal punto rimbambiti e rintronati, da credere ancora che "la fuori" ci sia veramente qualcuno che si preoccupi della nostra salute.

Se questi impostori avessero veramente a cuore la qualità della nostra vita e il futuro dei nostri figli, oggi, questo nostro mondo, sarebbe un giardino incantato e non l'immagine di una cloaca Massima moltiplicata all'ennesima potenza! Andrebbero impiccati seduta stante!!!

LA FINE È DIETRO L'ANGOLO

Ma noi crediamo per davvero, che dopo avere contaminato le acque e l'aria, avvelenato la terra con scorie e rifiuti tossici, disintegrato e incenerito migliaia di milioni di ettari di foresta e costrette all'estinzione infinite specie animali e vegetali, tutto si possa riassorbire, possa rientrare e ricomporre, senza che l'uomo di questo secolo dissennato, paghi il prezzo della sua perversione e degenerazione?

Crediamo davvero, che dopo avere investigato, violato e profanato i misteri della vita, facendo carta straccia di ogni principio etico e valore morale, trasformando il tutto in merce insanguinata da consumare e dalla quale trarne mero profitto, tutto si possa riassorbire, rientrare e ricomporre, senza che l'uomo di questo secolo dissennato paghi il prezzo delle sue aberrazioni?

Crediamo davvero che l'incommensurabile dolore prodotto dalle crudeltà inferte a centinaia di milioni di bambini nel mondo e alle loro madri, bambini senza pane e senza acqua e di altri affetti dalle più diverse patologie da denutrizione e di natura igienico/sanitarie, bambini sfruttati, abusati, espiantati dai loro organi, ridotti in schiavitù, indotti alla prostituzione, bambini soldato scaraventati a combattere guerre fratricide…, crediamo davvero che tutto questo si possa dissolvere come fumo nel vento, senza che l'uomo di quest'epoca bastarda paghi il prezzo delle sue inenarrabili atrocità, che tutto si possa riassorbire, rientrare e ricomporre, senza che l'uomo di questo secolo maligno beva l'amaro calice della sua disobbedienza?

È arrivato il Tempo; l'Apocalisse volteggia sopra le nostre teste e a breve si mostrerà in tutta la sua straordinaria potenza distruttiva. I nostri figli erediteranno un mondo di morte, una realtà senza sogni, una libertà senza regole - e bugie, bugie, sempre e solo bugie!

Proprio in ragione di tutto ciò, posso affermare con la certezza e il disincanto di chi ancora sa interpretare i segnali del cielo, ascoltare il tormento straziante degli spiriti della terra e le loro promesse di vendetta, che la fine di questo mondo è prossima e ineluttabile.

P.S. La verità si conquista sul campo sperimentando su noi stessi, tutte quelle realtà che oggi l'informazione mediatica, diversamente da come scontate e assodate codificandole all'intero di un libretto di istruzione che il Sistema ci consegna in dote al momento della nostra venuta al mondo.

Se noi, in prima persona, non ci assumiamo la responsabilità dei nostri atti e scelte, immolandoci a "cavie" di quel processo di conoscenza spirituale prolifica, il solo capace di produrre reali parametri di riferimento e di comparazione, non saremo mai in grado di decidere per la cosa giusta, né tanto meno tramandare alle future generazioni un "sapere compiuto", estraneo a ogni soggettivismo di sorta e concezione relativa.

Se non hai compreso questo mio ragionamento, prova a rileggerlo, e se ancora ti è oscuro il suo significato, lascia tutto quello che hai e rifugiati in un bosco - costruisci un riparo con le tue sole mani, dissoda il terreno circostante cominciando a zappare, a seminare e a raccogliere. Presto tutto ti sarà più chiaro.

Indice

In copertina "Corruzione" di Angelica Verlaine
Editor Alessandra Tirelli
Progetto editoriale di Daniel Parretta
Ideazione grafica di Paulina Federova
e-mail: **j.tirelli@virgilio.it**

www.ingramcontent.com/pod-product-compliance
Lightning Source LLC
Chambersburg PA
CBHW070640290526
45790CB00001B/147